사찰경영,
부처님 법대로 하면 잘된다

사찰경영,
부처님 법대로 하면 잘된다

조기룡 지음

글을 시작하기 전에

'사찰경영'은 무소유의 수행처인 '사찰'과 이윤을 추구하는 '경영'의 합성어로 그 의미상 조화를 이루기 힘든 측면이 있다. 그러함에도 불구하고 한국불교는 사찰경영에 대한 고민이 깊다. 남방불교와는 달리 신도들이 사찰의 일에 피동적이고, 승가에 대한 보시도 소극적이기 때문으로 보인다. 한국사찰의 살림살이가 어려운 것이다. 그러다보니 사찰경영의 초점이 이윤 창출에 맞추어져있고, 그 주체는 스님들이 되어있다. 달리 표현하면, 스님들이 직접 이윤 창출을 위한 수익 활동을 해야 하는 것이 한국불교의 현실이라는 것이다. 이는 한국불교의 생존(生存)을 위한 승가의 몸부림으로 이해할 수 있다.

물론 어떤 조직과 단체를 막론하고 사회의 일원으로 존재해야 하는 한, 현실에서의 생존만큼 중요한 것도 없을 것이다. 그러나 한편으로는 욕망을 여의여야 하는 승가마저도 이윤 창출에 몰두해야 하는지, 그리고 그러한 행위가 부처님 법에 여법(如法)한지에 대한 의문이 생기기 마련이다. 이와 같은 궁구(窮究)의 고민은 승가의 지계(持戒)를 위한 한국불교의 몸부림으로 이해할 수 있다.

이 책은 이와 같은 생존과 지계의 사이에서 우리 불교가 나아갈 올바른 방향인 정향(正向)을 탐구하고 있다. 다행히 필자는 불교계의 신문사들로부터 소중한 지면을 할애 받아 수년간 이런 고민들을 칼럼으로 연재할 수 있었다. 주지하다시피 칼럼은 그 성격상 시의성이 강하다. 칼럼은 특정 사건에 연관되는 경우가 많기 때문에 시간이 지남에 따라 글의 생명력이 급격히 떨어질 수밖에 없는 것이다. 이에 이 책에서는 사찰경영과 관련하여 시의성보다는 영속성이 강한 주제의 칼럼들을 선별하여 수록하였다. 이 책이 여타의 칼럼과 다른 또 하나의 특성은 칼럼들이 흔히 이상적 혹은 추상적 제안에 머무는데 비하여, 필자는 사찰경영의 현장인 종단과 사찰에서 스님과 신도들이 직접 활용할 수 있도록 현실적이고도 구체적인 방안들을 제시하고 있다는 점이다.

이 책은 사찰경영의 분야를 재화, 인사, 포교, 스님, 사찰, 종단 등의 여섯 가지로 구성하고, 그 경영 방법을 부처님 법에서 찾고 있다. 이에 제1장인 '재화의 법, 정재(淨財)'에서는 사찰의 재화를 정재로 인식하고 삼보를 위하여 사용해야 함을 논하였다. 아울러 정재에 합당하는 모금 방식을 강구하였다. 제 2장인 '인사의 법, 인재양성'에서는 사찰경영을 위한 전문인력이 양성되어야 함을 역설하였다. 구체적으로는 스님과 재가종무원 그리고 신도의 관점에서 각각 인재를 양성하고 활용하는 방안을 모색하였다. 제 3장인 '포교의 법, 중생교화'에서는 포교는 부처님의 전도부촉을 실천하는 행위이기에 교세 확장이 아닌 중생고의 해소가 그 목적이 되어야함을 강조하였다. 이에 더해 지역포교, 어린이 포교, 신도시 포교에 대한 방안도 도출하였다. 제 4장인 '스님의 법, 수행'에서는 스님의 본분은 수익 창출이 아닌 수행 정진임을 내세웠다. 또한 장로 비구의 덕목과 스님의 하심을 살펴보았다. 제 5장인 '사찰의 법, 여법(如法)'에서는 사찰의 성장은 양적 성장과 질적 성숙이 조화를 이루어야 함을 궁구하였다. 아울러 사찰이 여법하게 성장하기 위한 다양한 방법들을 제시하였다. 제 6장인 '종단의 법, 공동체'에서는 불교종단 내부적으로 승가가 화합공동체를 실현할 수 있는 제도적 방안들을 탐구하였다. 나아가 불교종단 외부적으로 사회와 공동체를 이룰 수 있는 방안도 사회복지의 실천 측면에서 모색하였다.

이 책이 갖는 의의는 이윤 창출에만 몰두하지 않고 불법(佛法) 실현의 관점에서 사찰경영을 고심하고 있다는 것이다. 기존의 사찰경영서적들은 이윤 창출 방안에 방점을 두고 있음에 비하여 이 책은 사찰경영의 여법성에 초점을 두고 방안을 제시하고 있다. 즉 부처님 법에 어긋남이 없으면서도 현실에 적용할 수 있는 사찰경영 방안을 강구하고 있는 것이다. 이는 현대사회에서 불교와 사찰의 지계와 생존을 아우르고자 한 고민의 결과이다. 현재, 사찰의 존속마저 위급한 실정을 우선 걱정하고 있는 스님이나 신도 중에는 필자의 이런 시각에 동의하지 않는 사람도 있을 수 있다. 필자 역시 사찰경영을 전공으로 선택한 초기에는 사찰의 이윤 창출 방안을 도출하는 연구들을 진행했었다. 그러나 사찰의 수익 창출이 한결같이 수익 사업으로 귀결되는 현실 속에서 사찰경영의 정체성에 대한 고민을 하게 되었다. 종교조직인 사찰이 영리를 주된 목적으로 하는 기업과 마찬가지로 수익 사업에 몰두하는 것이 타당한가라는 의문이 뒤늦게 들은 것이다. 이후부터 오늘까지 필자는 사찰경영의 법을 사회의 경영기법이 아닌 부처님의 가르침에서 찾고 있다. 필자는 뒤늦게라도 그것을 알았음을 다행으로 생각하면서 부처님 법에 맞는 여법한 한국불교를 그려나가고 있다.

이 한권의 책이 나오기까지 도움을 주신 여러 인연에게 감사를 표하고 싶다. 한국불교에서 소수의견이라 할 수 있는 필자의 글을 연재해준 《법보신문》과 《현대불교》의 배려가 있었다. 그리고 그 글들을 손익에 구애받지 않고 출간해준 올리브그린의 오종욱 대표와 관계자분들의 지원과 노력이 있었다. 마지막으로 백면서생으로 살아가는 부족한 가장을 늘 미소로써 지켜봐준 아내와 두 딸의 사랑이 있었다. 이외에도 이 책이 출간되는 데 노고를 아끼지 않은 여러분들이 있었다. 이 책으로 인하여 맺어진 불연(佛緣)을 소중하게 생각하면서, 그동안 졸고의 출간을 위해 애써주신 모든 분들에게 진심으로 감사를 드린다.

남산 자락 동국 교정에서
조 기 룡

목차

03

포교의 법 · 중생교화

04

스님의 법 · 수행

01

사찰경영, 부처님 법대로 하면 잘된다

재화의 법

정재(淨財)

1. 삼보정재(三寶淨財)를 대하는 자세

시주물 대하기를 독화살 피하듯이
시주물은 삼보를 위한 공동의 정재
사찰 재정의 투명화로 삼보정재의 망실 방지

사찰의 재물은 정재(淨財)다. 세속의 어떤 재물보다 깨끗하게 모이고 깨끗하게 쓰이기 때문에 그렇다. 사찰의 정재는 신도들이 부정하지 않게 정성스럽게 모아서 보시한 재물이다. 그리고 그 정재는 부처님[佛]을 위하여, 부처님의 가르침[法]을 널리 전하기 위하여, 그리고 승가[僧]를 위하여 사용되기에 삼보정재(三寶淨財)라고 한다. 불상을 만들거나 불전에 마지(摩旨)를 올리는 것은 부처님을 위해서 정재를 사용하는 것이다. 불서를 출간하고 보급하는 것은 부처님의 가르침을 널리 전하기 위하여 정재를 사용하는 것이다. 그리고 스님들의 일상생활과 승려복지를 위하여 사용하는 것은 승가를 위하여 정재를 사용하는 것이다.

정재는 신도들이 소중하게 아껴 모은 재물을 보시한 시주물이기에 삼보를 위해서 사용하여야 하며, 그와 같이 사용하더라도 일체의 낭비가 없어야만 한다. 그렇기 때문에 어른 스님들은 '시주물의 무서움'을 가르치셨다.

통도사 극락암의 경봉 스님은 사중(寺中)의 물건을 어찌나 아끼는지 구두쇠로 널리 알려질 정도였다. 심지어 공양간에 두고 써야 할 고춧가루, 깨소금, 참기름을 극락암 공양간에서는 구경할 수 없었다. 경봉 스님이 양념 통에 참기름 병까지 당신께서 일일이 간수하시며, "적게 써라.", "조금만 넣어라.", "한 방울만 쳐라."라고 노래를 부르듯 하신 것이다. 시주물로 들어온 것이니 쌀 한 톨, 고춧가루 하나, 배춧잎 한 장도 무서워할 줄 알아야 참된 수행자라는게 경봉 스님의 가르침이었다.

'무소유'로 널리 알려진 법정 스님과 그의 스승인 효봉 스님의 일화에서도 시주물에 대한 스님들의 엄중한 경계를 알 수 있다. 어느 날엔가 법정 스님이 설거지를 하는데 밥풀과 시래기를 흘렸다. 그런데 효봉 스님이 그것을 건져먹으며, "자신들이 장사해서 번 것도 아니고 신도들이 정성으로 시주한 것을 버리면 안 된다."고 크게 나무라셨고, 법정 스님은 스스로 참회의 시간을 가졌다. 밥 한 톨, 시래기 한 조각이라고 대수롭지 않게 여길 수도 있지만, 그것을 신도의 정성 자체로 보고 귀히 여긴 것이다.

시주물의 엄중함에 대한 일화는 성철 스님과 그의 상좌인 원택 스님의 일화에서도 찾을 수 있다. 원택 스님이 백련암에서 공양주를 하던 시절, 신도가 연필이라도 사서 쓰시라고 하면서 시줏돈 500원을 두고 갔다. 그런데 그 순간 원택 스님은 "얼마 전까지만 해도 내가 팁을 주었는데, 이제는 내가 팁을 받는 신세가 되었구나."라는 묘한 심정이 들었다. 이에 원주 스님에게 "어떤 보살이 팁 500원을 놓고 갔심더."라고 말하고 전해드렸다. 그리고 얼마 뒤 성철 스님이 원택 스님을 호출하였다.

"이놈아, 팁이란 말이 뭐꼬?"

"세속에서, 음식점 같은 데서 음식을 먹고 나면 감사하다는 뜻으로 주는 잔돈을 팁이라고 합니다."

"임마, 그런 게 팁이라는 거 몰라서 묻는 줄 아나, 이 쌍놈아!"

성철 스님의 꾸지람 속 가르침은 계속 된다.

"팀 받는 주제에 꼴좋다. 이놈아. 그 돈은 팁이 아니라 시줏돈이다. 시줏돈! 신도가 니한테 수고했다고 팁 준 것이 아니라, 스님이 도 닦는데 쓰라고 시주한 돈이란 말이다. 그걸 팁이라고 똑똑한 체하니 저거 언제 속물이 빠질란고. 허어 참!"

이렇게 시줏돈이 무엇인지를 매섭게 가르치신 후 그 용법을 또한 엄하게 말씀하셨다.

"절에 있으면 더러 신도들이 시주랍시고 너거들한테 돈을 주고 가는 모양인데. 그건 너거 개인 돈이 아니라 절에 들어온 시주물이데이. 그러니 원주에게 줘 공동으로 써야 하는 것인 기라. 그리고 시주물 받기를 독화살 피하듯 하라는 옛 스님의 간곡한 말씀이 있으니 앞으로 명심하고 살아야 한데이. 이놈 오늘 팁 받아서 니 주머니에 넣었다면 당장 내쫓았을 긴데…."

상좌에게 시주물이 무엇인지 시줏돈이 무엇인지를 그리고 그것들을 어떻게 사용해야 하는지를 분명하게 일깨워주고자 하는 스승의 서릿발 같은 가르침이다.

시주물과 시줏돈, 즉 삼보정재에 얽힌 어른 스님들의 일화 속에서 정재가 신도의 정성이 어린 보시물이며, 그것은 삼보를 위하여 쓰여야 하는 공동의 재화임을 알 수 있다. 하지만 삼보정재의 성격을 망각하고 그것을 개인적으로 사용하거나 낭비 나아가 망실하는 사례들이 적지 않음도 부인할 수 없다. 삼보정재를 개인 소유로 하면 어떻게 망실될 수 있는지에 대한 실례(實例)를 소개하여 경각심을 갖게 하고자 한다.

불교종단의 주요 요직을 두루 거친 모 스님이 있었다. 그런데 그 스님이 입적했을 때 삼보정재가 속가의 지인들에게 상속되면서 망실되는 사건이 발생하였다. 당시 스님은 수십억 원대에 달하는 사찰의 주지이자 사회복지법인의 이사장이었다. 사찰과 법인은 그 스님의 은사 스님과 신도들이 원력이 모인 삼보정재였다. 스님이 속한 종단은 삼보정재의 망실을 방지하고자, 승려 자신이 사망 시 개인명의 재산을 종단에 출연한다는 내용의 유언장을 의무적으로 제출하도록 하고 있었다.

그러나 해당 스님은 사찰과 법인 등 삼보정재를 개인의 것으로 간주하고, 소속 종단에 재산 출연 유언장을 제출한 후 다시 '자신의 사망 시 모든 것을 속가의 특정 지인에게 양도한다'는 유언장을 작성해 공증까지 받아놓았다. 세속법상 유언장은 나중에 작성한 것이 효력을 발생하므로 종단에 제출한 이전의 유언장은 무효가 된다. 스님이 입적하자, 삼보정재인 사찰과 법인은 속가 지인의 소유가 되어버렸다. 은사 스님과 신도들의 오랜 원력이 담긴 수십억 원의 삼보정재가 한 스님의 욕망의 대상으로 변질되면서 순식간에 망실되어버린 것이다.

눈 밝은 혹자는 사회복지법인은 해산하면 그 재산이 국고에 귀속되므로 개인이 소유하지는 못한다고 판단할 수도 있다. 그 생각이 틀린 것만은 아니다. 그런데 속가의 특정 지인이 그 사회복지법인의 이사장으로 취임하면서 불교계 이사들은 임기만료와 함께 물러나게 되었고 그 자리는 개신교계 인사들로 채워졌다. 개신교 인사들이 삼보를 위하여 정재를 사용할리는 없지 않는가. 비록 법인의 재산이 유지된다고 하더라도 삼보정재가 망실된 것은 명백한 것이다.

그렇다면 어떻게 삼보정재를 관리하여야 망실을 방지할 수 있는가? 이를 위한 가장 큰 과제는 사찰 재정의 투명화이다. 사찰 재정의 투명화란 사찰의 재정을 사중의 대중에게 공개하여 그 용처가 삼보를 위하여 쓰이고 있는지를 확인하게 할 수 있는 것이라고 이해할 수 있다. 재정의 불투명은 소수의 구성원에게만 재정이 공개되고 구성원 다수 또는 외부에는 비공개하는 것으로써 부패를 초래할 여지가 많다. 그 재정이 정재라고 할지라도 그 수입과 지출의 내역을 주지 등 소수의 사람들만 알고 신도 일반에게는 알리지 않는다면 역시 부패할 수밖에 없다. 하지만 사찰의 재정 운용이 사중의 스님뿐만 아니라 신도 대중에게 공개된다면, 삼보정재로서의 용처에 맞지 않는 지출은 상당 부분 감소할 수 있을 것이다.

현재 대부분 사찰의 재정은 신도는 배제한 채 주지 등 소수의 스님들에 의해서만 운용되고 있거나, 혹여 신도가 참여하더라도 형식적인 경우가 많다. 신도의 참여는 스님의 자의적 운영에 불편을 초래하기 때문으로 보인다. 이런 상황에서 재가신도가 사찰 운영, 특히 재정 운용에 참여하는 것은 승가의 반감을 유발할 여지가 상당 부분 있을 수 있다. 그러나 정재가 승려 개인의 욕심을 채우는 것이 아니라 삼보를 위하여 여법(如法)하게 쓰이기 위해서는 재가신도의 참여가 현실적으로 필요하다.

현재 한국불교의 주요 종단들은 사찰 재정 투명화를 위하여 〈사찰예산회계법〉, 〈사찰운영위원회법〉 등 종법령의 제·개정을 통한 제도 정비를 그 어느 때보다 강력히 추진하고 있다. 사찰의 재정을 공개하도록 법적 근거를 마련하고 사찰운영위원회를 통해 신도들의 사찰 운영 참여를 보장하고 있는 것이다. 분명 이와 같은 사찰 재정의 공개와 사찰 운영의 신도 참여 보장은 사찰과 승가에 대한 신뢰를 증진시켜 사찰 재정이 확대되는 효과를 불러올 수 있다.

하지만 종헌·종법 등의 제도는 아무리 잘 정비하더라도 법적 미비가 존재하기 마련이므로 삼보정재를 대하는 승가의 여법한 가치관 정립이 근본적 과제이자 방안이다. 공양이나 시주물을 독약이나 독화살처럼 생각하여 자신을 살피고 그 과보를 알아 함부로 받아쓰지 말 것을 권하는 옛 스님들의 말씀을 금과옥조(金科玉條)로 여기고 실천해야 하는 것이다.

> 그러므로 말하기를 '도를 닦는 사람은 음식 먹기를 독약 먹듯이 하며, 시주 받기를 화살을 받는 것과 같이 하여야 한다. 예물이 두텁거나 말이 달콤한 것은 도를 닦는 사람이 두려워하여야 할 것이다.'라고 하였다.
>
> **故曰 道人 進食如進毒 受施如受箭 幣厚言甘 道人所畏**

《선가귀감(禪家龜鑑)》의 이 구절은 정재의 사용을 무섭게 경계하고 있다. 스님의 자의이든 신도의 권유이든, 비구는 신도의 신심과 원력이 정성스럽게 담긴 정재를 삼보가 아닌 개인의 욕구와 욕심을 위하여 써서는 절대 안 되는 것이다. 또한 승가 자신을 위해서 쓸지라도 수행에 필요한 최소한도로 아끼고 아껴서 사용하여야 하는 것이다. 그렇지 않고 정재를 쓰는 것은 도과(道果)를 잃는 독약을 먹는 것이며 화살을 받는 것임을 항시 잊지 말아야 한다.

2. 사찰재정의 여법(如法)함

보시가 최선이고 수익사업은 차선
수익사업의 주체는 재가신도

혹자 중에는 '열심히 기도하고 수행하면 사찰은 저절로 운영된다'고 생각하는 사람이 있을 수도 있다. 하지만 출가수행자의 삶에 충실함에도 불구하고 기본적인 생활고에 어려움을 겪는 스님들이 적지 않다. 또한 여법한 사찰의 운영에도 불구하고 폐사(廢寺)되는 사찰이나 포교당을 주변에서 쉽게 발견할 수 있다.

흔히 사람들은 사찰을 신행공간으로만 인식한 채 그 운영에는 여느 조직과 마찬가지로 재원이 소요됨을 간과하고는 한다. 그렇다고 종교조직인 사찰이 일반기업처럼 수익사업을 전개하기도 곤란하다. 사찰의 재원은 신도의 보시로 확보되는 것이 궁극적으로 종교성에 부합하기 때문이다. 이에 과거 초기불교교단에서 출가수행자의 경제행위는 일체 금지되어 있었으며, 그러한 정신은 오늘날에도 계율로써 인식되고 있다.

이 대목에서 현대를 살아가는 우리 불자는 고민에 빠질 수밖에 없는 상황에 놓인다. 현대한국사회에서 부처님 재세 시 인도처럼 사찰이 경제행위 없이 운영되고 성장할 수 있을 것인가 하는 점이다. 초기불교 당시의 출가수행자들은 걸식으로 식생활을 해결하는 것이 인도 고래의 사회 풍습이었으며, 또한 거처도 수하암상(樹下巖上)이 권장되었기 때문에 경제행위를 할 필요가 없었다. 하지만 현대한국사회에서는 걸식과 노숙은 기후와 관습의 차이로 여법하지 않을 뿐만 아니라, 사회 환경의 변화로 교단생활에서 물질적·경제적 토대를 무시하거나 출가자의 경제행위나 경제활동을 금지한다는 것도 매우 어렵게 되었다.

그렇다면 현대불교교단에서 부처님의 가르침에 여법하게 사찰재정을 확충하는 방안은 무엇일까? 현재 여러 사찰에서 불교적인 상품과 불교적 문화콘텐츠를 개발하여 사찰재정 확충의 모델이 되고 있다. 불법에 대한 여법성을 보장하는 범위 내에서 사찰경영을 위하여 불교적 상품과 콘텐츠를 적극적으로 개발하는 것은 매우 필요하다. 하지만 불교적 상품 개발에 앞서 종교조직에 적합한 시행방법을 고민하여야 한다.

수익사업의 시행자는 출가수행자인 스님이 아니라 재가신도[재가종무원]가 되는 것이 보다 여법하다고 사료된다. 율장의 위배 여부를 차치하고라도 출가수행자인 스님은 세속의 수익사업을 하지 않는 것이 여법하기 때문이다. 또한 수익사업을 시행함에 있어서도 사찰과는 별도의 공간에 법인 내지 사업체를 설립하여 수익사업을 시행하는 것이 필요하다고 생각된다. 즉 사찰의 수익사업은 사찰과 별도의 법인 혹은 사업체에서 재가신도[재가종무원]들이 주체적으로 전개하는 것이 합당하다.

사찰이 수익사업을 시행한다고 하여도 신도들의 기부 행위가 최선이고 수익사업은 차선임을 망각해서는 안 된다. 사찰은 신도들이 정재를 기진할 수 있도록 신심의 고취와 신행의 제고에 주력하여야 한다. 만일 수익사업에 전적으로 의존하여 사찰을 운영하고자 한다면 세속의 기업체와의 차이점이 존재하지 않는다. 즉 사찰이 종교적 정체성을 상실하게 될 우려가 있는 것이다.

아울러 반드시 고민해야 할 것이 창출된 수익금의 활용 문제이다. 일반기업체에서는 창출된 수익을 일정 기준에 따라 구성원에게 분배한다. 하지만 종교조직인 사찰의 수입과 수익은 구성원들에게 개인재산으로서 분배될 수 없다. 사찰경영으로 발생한 수익은 사리(私利)를 위한 치부가 아니라 사찰의 유지·운영과 함께, 널리 사회구제활동을 전개하여 중생의 어려움이나 괴로움을 덜어주는데 회향하여야 한다.

3. 사찰의 상업행위 어떻게 볼 것인가

보시와 상업 간 선택은 원칙과 생존 간 고민
수행은 원칙, 살림살이는 생존
사찰의 상업행위는 한국불교의 생존 노력

부동산 광고매체에 교회 매물이 넘쳐나고 있다. 교회매매 전문 사이트가 있을 정도다. 교회매매에는 신도 수까지 계산되어 가격이 책정된다는 뉴스가 공중파의 유명 탐사 프로그램에서 보도되기도 하였다. 종교의 차이를 떠나 현시대의 종교인으로서는 씁쓸함을 느낄 수밖에 없다.

그런데 유감스럽게 불교계의 상황도 이와 다르지 않게 되어가고 있다. 불교계 신문에는 사찰과 포교당 매물 광고가 지면을 차지하고 있으며, 온라인상에는 사찰매매 전문 사이트들이 존재한다.

종교시설 매매에 대한 부정적 시각은 '종교는 영리사업이 아니다'라는 당연한 명제에 기인한다. 틀린 말이 아니다. 그런데 종교시설 매매가 영리사업으로 되는 것은 교회의 규모 즉 건축물의 크기와 신도의 수를 일정 부분 성장시킨 후 매매하여 수익을 챙길 때다. 이는 분명 종교적으로 비난 받아야 할 영리행위이다. 그런데 순수한 신앙심으로 전도 또는 포교를 하고자 종교시설을 건립하였지만 재정 부족으로 문을 닫아야만 하는 상황에 대해선 이해를 달리해야 한다. 불교적으로 설명하면, 전법교화의 순수한 원력으로 사찰과 포교당을 창건하였으나 현실적인 운영상의 문제로 폐사(閉寺) 혹은 매매할 수밖에 없는 상황에 대해선 비난이 아닌 분석이 필요하다는 이야기다.

사찰이 문을 닫는 가장 큰 이유는 재정의 부족이다. 그 원인에 대해선 신도의 감소 또는 사찰경영의 미흡 등 여러 가지를 들 수도 있으나 종국에는 재정의 부족으로 귀착된다. 여타의 조직운영과 마찬가지로 사찰의 운영에도 재정 즉 재화가 소요됨은 부인할 수 없는 현실이다. 혹자는 스님의 삶을 무소유라고만 여긴 채 사찰의 운영에는 세속적 고민이 없을 것이라고 생각하기도 한다. 하지만 가분물(可分物)과 불가분물(不可分物) 그리고 이외 물건에 대한 율장의 소유 조항에 대한 적용을 떠나서, 스님의 삶이 무소유라고 하여도 사찰의 운영에는 상응하는 재화가 든다. 스님의 수행자로서 삶과 사찰의 살림살이는 상당부분 다른 것이 현실인 것이다.

이러한 현실로 인하여, 한국불교에는 이판(理判)과 사판(事判)이 존재해 왔다. 이판은 수행에 전념하는 스님을, 사판은 사찰의 살림살이에 힘쓰는 스님을 지칭한다. 이사무애(理事無礙)할 수 있다면 좋겠지만 대부분의 사찰에서 스님들은 사(事)에 부딪혀 이(理)에 장애를 겪는다. 출가자라면 누구나 이판승으로서 수행자의 삶이 원칙임을 알고 있지만, 그 누군가는 생존을 위한 살림살이를 책임져야 하기에 사판승의 소임을 사는 스님도 있어야 한다.

이(理)는 원칙이요, 사(事)는 생존이다. 다시 말하면 수행은 원칙이요,

살림살이는 생존인 것이다. 인간의 삶에 있어서 원칙과 생존은 모두 중요하다. 그런데 원칙을 지키면서도 생존할 수 있다면 좋겠지만, 양자택일을 해야만 하는 상황에 놓이는 경우가 적지 않다.

흔히 사람들은 원칙이 아닌 생존을 선택하는 행위에 대하여 부정적으로 생각하거나 비난한다. 하지만 서산(西山)대사로 보다 더 잘 알려진 청허 휴정(淸虛 休靜, 1520~1604)의 선택을 사례로 생각하면 원칙과 생존 간에서 생존의 선택을 함부로 비난할 수 없음을 알게 된다.

서산대사는 일반인들에게 의승군 또는 승병장으로 대부분 기억되어 있다. 아마도 초·중등학교 국사시간에 그렇게 배우고 외웠기 때문일 것이다. 하지만 서산대사는 조선시대를 대표하는 선승(禪僧)이었다. 그런 선승에게 있어서 임진왜란의 참전은 곧 불교의 최고 금계(禁戒)인 불살생계를 범해야 함을 의미한다. 어찌 고민이 없었겠는가. 하지만 서산대사는 조선불교의 생존을 위하여 참전을 결정했다.

숭유억불(崇儒抑佛)의 조선에서 불교는 부모를 떠나서 임금이 아닌 부처를 섬기는 무군무부(無君無父)한 집단이었으며, 수행이라는 이유로 일하지 않고 방에 들어박혀 있는 무위도식(無爲徒食)한 집단이었다. 그렇기 때문에 유교국가인 조선에서 승려는 최하층 천민이었다. 이런 처지에서 임금이 풍전등화의 위기에 처한 나라를 구하라고 절박한 마음으로 서산대사에게 승려들의 참전을 요청한 것이다. 당시 서산대사는 승려의 최고 지위인 도총섭(都摠攝)이었으며, 참전의 거절은 유교적 명분이 없었던 조선불교의 멸절(滅絶)을 초래할 수 있었다. 서산대사는 지계(持戒)의 원칙과 조선불교의 생존 사이에서 갈등하고 최종적으로 생존을 선택한 것이다. 이러한 선택을 어찌 말 몇 마디로 간단하게 비난할 수 있겠는가.

굳이 청허 휴정의 사례까지 든 이유는 현재 많은 사찰들이 재정의 어려움으로 인하여 생존의 위기에 직면했기 때문이다. 보다 구체적으로 설명하면, 이들 사찰들이 생존을 위하여 율장에는 부합하지 않으나 물건을 사고파는 매매행위를 하고자 고민하거나 실제로 하고 있기 때문이다. 조선불교와 상황과 정도는 다르지만 현대 한국불교도 지계의 원칙과 사찰의 생존 간에서 선택해야 하는 처지에 놓인 것이다.

사찰의 재원은 신도의 보시에 의하여 충당됨이 원칙이다. 하지만 한국불교에서는 그것이 안 되기 때문에 사찰이 생존을 위하여 생산행위를 하고는 한다. 실제로 한국사찰에서는 보시와 생산이 병존하는 경우가 많다.

초기불교에서는 남에게 무엇을 베풀어준다고 하는 보시(布施)의 공덕이 크게 강조되었다. 특히 출가자에 대한 보시는 종교적인 공덕을 가져오는 것이라 하여 매우 권장되었다. 그렇다고 보시의 덕이 재가자에게만 설해진 것은 아니었다. 출가자에게도 똑같이 적용되는 중요한 덕목이었지만 출가자는 가족과 재산을 여의고 떠난 사람이기 때문에 남에게 베풀어줄 물건이나 재화가 없었다. 그리하여 물건이나 재화 대신에 설법을 재가자에게 베풀어주도록 하였다. 출가자는 법시(法施)로써 재가자는 재시(財施)로써 서로 보시하는 상호관계가 이루어지는 것이다.

이와 같이 출가자와 재가자는 법시와 재시로써 상호 연결되어 있는데, 그 중에서 재가자의 재시는 사찰의 주요한 재원이 되었다. 특히 초기불교교단에서는 출가자의 경제 행위가 일체 금지되었기 때문에 재시가 유일한 사찰의 재원 충족 방법이었다. 즉 당시의 출가자는 직접 경제적 생산 활동에 참여하지 않고 다만 이 보시물을 잘 관리함으로써 불교교단을 유지하여야 했던 것이다.

그것은 당시의 다른 교단도 모두 그러했던 것으로 출가자의 생활목표의 첫 번째가 수행하는데 있었고, 수행자는 걸식으로 식생활을 해결하는 것이 인도 고래의 사회풍습이었으며, 또한 거처도 수하암상(樹下巖上)이 권장되었기 때문에 생산 활동을 할 필요가 없었던데 연유하고 있다. 그러므로 그들은 일체의 생산 활동에 참여할 수 없었으며 재가자의 보시물만이 사찰 재원이었다.

그러나 초기불교의 인도 상황을 현대 한국불교에 그대로 접목할 수는 없다. 초기불교에서 물질적·경제적 토대가 무시될 수 있었던 이유는 당시 출가자들이 그러한 토대 없이도 수행자로서의 생활을 유지할 수 있는 사회적·자연적 환경이 조성되어 있었기 때문이다. 사회적으로는 재가자의 재시에 의하여 사원이 운영이 가능하였으며, 자연적으로는 온화한 날씨로 인하여 출가자가 수하암상의 생활을 할 수 있었던 것이다.

하지만 현대 한국불교의 상황은 이와는 전혀 다르다. 재가자의 재시만으로는 사찰이 존속될 수 없으며, 엄동설한(嚴冬雪寒)이 존재하기 때문에 나무 아래와 바위 위에서 생활하는 것은 불가능하다. 한국, 중국 또는 일본은 인도와는 그 사회적·자연적 환경이 전혀 달라서 출가자들은 의식주 등 생존 문제의 해결을 위하여 대부분의 시간과 노력을 기울이지 않으면 안 된다.

그렇기 때문에 농경시대의 동북아 스님들은 선농불교(禪農佛敎)를 선언하고 직접 논과 밭에 농사를 짓거나, 사하촌 사람들에게 소작을 주었다. 그리고 현대 산업사회에서는 선농불교에서 나아가 생산불교를 도모한다. 사찰이 소금이나 된장 등 식품류의 생산 및 판매, 건강보조제 성격의 약품류의 생산 및 판매, 사찰음식이나 국수를 파는 음식점의 운영, 불교용품점이나 찻집의 운영 등 다양한 수익사업을 하고 있는 것이다.

이는 초기불교 인도와는 다른 시대적·사회적 환경에 적응한 한국불교의 생존 노력이라고 평가할 수 있으며, 그 핵심은 사찰을 유지·운영하는 수단이 재가자의 보시에서 사찰의 생산 활동으로 변화한 것이다. 즉 보시와 더불어 생산 활동이 사찰 재원의 충족 방법이 된 것이다.

하지만 사찰 재정의 충족 원칙은 분명히 신도의 보시이다. 그렇기 때문에 출가자의 마음에는 '보시가 최선이고 생산은 차선이다'라는 생각이 자리해야 한다. 그렇지 않으면 종교조직으로서 정체성을 망각하고 영리조직처럼 수익 창출에만 몰두하게 될 것이다. 아울러 출가자는 사찰의 생산 활동이 스님의 소유 재산 증대나 영리 추구를 위한 것이 아니라 승가공동체의 소유로써 재원을 충족하는 행위이고 나아가 사회공동체의 발전에 도움이 되도록 쓰여야 한다는 것을 유념해야 한다.

4. 사찰 마케팅의 필요성

마케팅은 모든 조직에 필요
사찰 마케팅은 비영리 마케팅

마케팅은 흔히 영리를 위한 판매 수단이나 광고 수단으로 일반인들에게 오해되고 있기 때문에 비영리 조직의 종사자는 마케팅이라면 무조건 고개를 절레절레 흔드는 반응을 보이고는 한다. 상황이 이렇기 때문에, "사찰도 마케팅이 필요하다."고 하면 쉽게 수긍하지 못하는 사람들이 많다. 이들 대부분은 이윤을 추구하는 기업에서나 행하는 마케팅 활동을 사찰 같은 종교 조직에 적용하는 것에 대해 좋지 않게 생각하기 때문이다. 일견 '사찰 마케팅'이란 용어가 모순되는 단어의 조합으로 보일 수도 있다. 이는 마케팅의 개념을 기업에만 적용되는 영리 추구 행위의 일종으로 오인하는 데서 비롯된 것이다.

하지만 마케팅의 개념을 정확히 분석해보면 마케팅이 영리 조직에만 국한되지 않음을 알 수 있다. 세계적 마케팅 컨설턴트인 코틀러(P. Kotler)는

'마케팅(marketing)이란 선택된 고객층의 욕구[want]와 필요[need]를 이용하여 조직이 고객에 투입할 자원·정책 등 모든 활동을 분석·계획·조직·통제하는 것'이라고 하였다. 이를 다시 한 번 보다 간략히 정리하면, '양측의 당사자가 교환 과정을 통하여 욕구와 필요를 충족시키려는 인간 활동'이라고 정의할 수 있다. 그런데 인간의 욕구와 필요에서 나타나는 교환 활동은 영리, 비영리를 막론하고 필요한 것이다.

일반적으로 이윤을 추구하는 기업에서만 활용되는 개념으로 여겨져 왔던 마케팅이 오늘날에는 비영리 마케팅이라는 개념으로 비영리 조직에서도 유용하게 이용되고 있다. 비영리 마케팅이란 이윤 추구를 목적으로 하지 않는 개인, 집단, 조직들이 상호 간에 욕구와 필요를 충족시킬 수 있도록 상호 교환 관계를 수립해주는 마케팅을 말한다. 비영리 마케팅은 프로모션(promotion, 판매 촉진)이나 광고와 같은 의미를 갖는 말이 아니다. 비영리 마케팅이란 말은, 비영리 조직이 자신들과 관계를 맺고 있는 공중(公衆)이 원하는 것이 무엇인지 분석하여 그 원하는 것을 공중에게 최선을 다해 제공해주고, 그 후 그 일이 얼마나 성과가 있었는지를 평가하고, 비영리 조직과 공중의 양자가 상호 만족할 때까지 프로그램들을 집행해 나가는 과정을 가리키는 말이다. 이러한 비영리 마케팅을 필요로 하는 비영리 조직에는 자선 및 봉사단체, 노동조합, 교육단체, 정치단체, 사회단체, 사찰·교회 등의 종교단체 등이 있다.

모든 마케팅은 인간의 욕구를 발견하는 것으로부터 출발한다. 이러한 사실은 종교에서도 예외가 아니며, 사찰도 마케팅을 해야 한다는 근본적인 이유가 된다. 종교단체, 교육단체, 자선단체, 사회단체, 문화단체의 비영리 조직들이 과거에는 마케팅의 개념을 세속적인 것 혹은 저속한 것으로 배타시하는 태도를 보여 왔으나, 이제는 신도 또는 고객의 감소를 타개하고 단체에 필요한 자원조달과 공중에게 보다 나은 서비스를 제공하기 위한 접근 방법으로써 조직의 마케팅에 눈을 돌리기 시작했다. 이제 비영리 조직들도 마케팅으로 자신들의 조직을 이용하는 공중의 수를 확대시킬 수 있다고 생각하게 된 것이다. 하지만 사찰의 소임자들 가운데는 영리 조직인 기업체와 마찬가지로 비영리 조직인 사찰에서도 마케팅의 개념을 적용할 필요가 있다는 사실을 아직도 인정하지 않으려는 사람들이 존재한다. 그 사람들의 관점에서는 소비자들에게 상품을 판매하는 데나 이용하는 마케팅 전략을 성스러운 종교조직에 적용한다는 사실 자체가 수용하기 어려운 일인 것이다.

그러나 사찰이 수행과 포교를 근간으로 하는 비영리 조직임에도 불구하고 어떤 목표를 정하고 그 목표를 달성하기 위한 행동을 전개해야 한다는 사찰경영의 측면에서는 영리를 추구하는 조직의 운영과 크게 다른 점이 없다. 물론 이러한 견해가 사찰 나아가 불교를 모독하는 듯한 비유라고 생각하는 사람들도 없지 않을 수 있다. 하지만 불교교단과 사찰도 실제로는 사찰경영에 은연 중 마케팅을 적용해왔다는 것을 알아야 한다. 사찰 창건, 신도 확보, 종교적 욕구충족의 제공, 포교 활동 및 프로그램의 개발, 필요 자원의 조달, 종무행정 등은 사실상 마케팅에 해당되는 활동이기 때문이다.

오늘날 한국불교가 처한 불자 수의 감소와 전근대적 사찰경영 등의 문제에 대해 생각해본다면, 이제는 사찰도 마케팅에 대하여 보다 긍정적으로 받아들일 필요가 있다. 앉아서 기다리는 수동적 포교로는 비불자들을 사찰로 이끌기가 점점 더 힘들어지고 있으며, 또한 주먹구구식 운영으로는 기존 불자들의 변화하는 종교욕구를 충족시켜주기도 점점 더 어려워지고 있다.

이제 사찰을 운영하는 소임자들이 직면하는 문제는 '마케팅을 해야 할 것인가 하지 말아야 할 것인가'가 아니라, '마케팅을 잘 하느냐 못하느냐'라고 생각한다. 왜냐하면, 주지하였다시피 사찰도 부지불식간에 현실적으로는 마케팅을 행하고 있기 때문이다.

하지만 사찰의 마케팅은 기업의 상품 판매 전략과는 판이하게 다르다는 것을 명심하여야 한다. 물론 사찰과 같은 비영리 조직의 마케팅이나 기업과 같은 영리 조직의 마케팅은 공통점이 많을 뿐 아니라 영리 조직에서 쓰는 마케팅 용어나 전략이 비영리 조직에서도 많이 적용될 수 있다. 그러나 그런 공통점에도 불구하고 한 가지 상이하게 구별되는 것이 있는데, 비영리 조직은 유형의 제품이 아닌 무형의 가치를 상대방에게 의미 있게 부여해야한다는 것이다. 사찰마케팅의 개념에는 사찰과 대중[신도와 비신도] 간에 상호 교환 관계가 전제될 수박에 없는데, 사찰은 대중에게 부처님의 가르침[佛法]에 의한 무형의 가치를 부여하는 반면에 대중은 사찰에 유형적 자산 혹은 무형적 헌신을 제공하는 것으로 이해가 가능하다.

하지만 이는 상품의 매매(賣買)와는 성격이 다른 것이다. 혹자는 사찰이 마케팅을 필요로 한다고 할 때 불법(佛法) 혹은 전법(傳法)을 상품으로 곡해할 수도 있다. 여기서 우리는 모든 상품은 매매의 대상이며, 팔고[賣] 살[買] 수 없는 것은 상품이라고 부르지 않는다는 사실을 인지해야만 한다. 부처님의 가르침[佛法] 내지 그를 전하는 전법의 행위가 팔고 사는 재화나 용역은 결코 아니다. 또한 매매는 상품을 상응하는 대가를 치루고 구입하는 행위인데, 부처님의 가르침은 위없는 가르침으로 상응하는 대가물이 없다는 관점에서도 불법(佛法)을 상품이라 할 수는 없다.

그렇기 때문에 사찰 마케팅에서 교환 관계란 상품, 즉 재화나 용역의 매매 관계와는 달리 대가성이 없는 시여(施輿)의 관계임을 알아야만 한다. 출가자는 무소유의 삶을 살기 때문에 남에게 베풀어 줄 물건이나 재화가 없다. 그렇기 때문에 물건이나 재화 대신에 설법을 재가자에게 베풀어준다. 여기서 출가자와 재가자의 특수한 교환 관계가 이루어진다. 즉 출가자는 법시(法施)로서 재가자는 재시(財施)로써 서로 시여토록 하는 관계가 성립되는 것이다. 그러나 여기서 확실히 해야 할 것은 법시와 재시는 상품의 매매와 같은 반대급부적인 것이 아니라는 점이다. 출가자가 법시를 하기 때문에 재가자가 재시를 한다는 것도 결코 아니고, 재가자가 재시를 하기 때문에 출가자가 법시를 한다는 것도 결코 아니다. 즉 법시와 재시는 무엇을 바란다거나 반대급부적인 의도가 아닌 순수한 마음으로 베풀어 주는 것을 뜻한다. 준다는 생각, 줌으로써 어떤 공덕을 얻게 되리라는 생각마저 없는 행위[無住相布施]이다. 사찰 마케팅의 교환 관계에는 법시와 재시의 교환 이외에도 여러 가지가 있을 수 있으나, 모두 대가성이 전제되지 않는 시여의 관계임을 잊지 않도록 하자.

승가(僧伽)는 시여의 관계 속에서 재가[불자와 비불자]의 신행적 욕구와 필요를 충족시켜주어야 한다. 재가의 신행적 욕구와 필요를 충족시키기 위해서는 이들이 갖고 있는 욕구와 충족을 파악하는 일이 우선이다. 따라서 사찰 마케팅은 기존 신도인 불자 및 잠재 신도인 비불자의 욕구와 필요의 파악으로부터 시작된다. 사찰 마케팅은 기존 신도는 물론 잠재 신도를 위한 마케팅까지 포함하기 때문이다. 잠재 신도를 위한 마케팅에는 포교 활동이 해당되며, 기존 신도를 위한 마케팅에는 그들의 미충족 혹은 새로운 욕구와 필요를 발견하여, 그에 부합할 수 있도록 교역 방향, 프로그램, 제공하는 혜택을 개발하고 집행하는 일들이 해당된다. 다시 말해 사찰 마케팅은 기존 신도 및 잠재 신도 집단의 크기를 파악하고, 그들이 사찰에 대해 갖는 신행적 욕구와 필요를 분석하여 충족시켜줄 수 있는 신행 및 포교 프로그램을 개발하고, 집행하고, 통제하고, 평가하는 일들을 말한다.

이제 두 가지 제안으로 글을 정리하고자 한다. 먼저, 더 이상 마케팅이라는 용어에 너무 얽매여 사찰의 마케팅 자체에 대하여 거부감을 갖지는 말자는 것이다. 이것이 이 글의 가장 큰 의도이기도 하다. 마케팅의 정의를 알아보기 위하여 앞에서 소개한 코틀러는 세계적 경영학자인 드러커(Peter F. Drucker)와의 대담에서 마케팅을 '한 조직과 단체를 위하여 마음을 나누고 가슴을 나누는 건설 작업'이라고 재정의 하고 있다. 마케팅을 근본적인 목적을 충족시키기 위해 구성원들이 헌신의 자세를 가지고 노력하는 행동으로 파악한 것이다. 이제는 영업 전문가들이 판매를 마케팅으로 확대 해석하거나 마케팅을 판매로 축소한데서 가져온 인식 오류에서 벗어나야만 한다.

또 하나의 제안은, 이런 오류에서 벗어나 사찰 마케팅을 하기로 하였다면 그 결과를 너무 조급하게 기다리지 말자는 것이다. 효과적인 마케팅 절차와 프로그램을 실제로 구사하기 위해서는 대략 5년에서 10년이 필요하다고 한다. 그러함에도 불구하고 많은 조직들이 마케팅 도입 후 1~2년도 되지 않아 그만두거나 포기하는 경우가 허다하다. 특별히 마케팅의 결과가 일부라도 빨리 성취되면 10여 년 후에 이루어질 결과가 이미 모두 성취된 듯한 기분을 내기도 한다. 장기적인 결과는 당장의 효과와 다를 수도 있는데도 말이다. 마케팅의 결과가 이와 같이 5~10년 정도 긴 세

월을 요하는 이유는 마케팅이 한 개인 혹은 한 개별 부서 이상의 노력이 필요하기 때문이다. 마케팅은 전 구성원들이 모두 합심하여 한 가지 목표 달성에 매진해야 성취가 가능한 것이다. 그러한 일은 전 구성원이 유대감을 가지고 함께 추진하지 않으면 안 되기 때문에 시일이 걸릴 수밖에 없음을 알고 기다려야 한다.

5. 사찰경영은 자리이타(自利利他) 경영

사찰경영은 수행과 포교를 위한 경영
사찰경영은 일체중생을 위한 경영
사찰경영은 사회와의 나눔과 상생

혹자는 경영이라고 하면 영리추구를 위한 활동이라고만 생각한다. 그래서 사찰을 경영한다고 하면 사찰에서 이윤을 추구하는 행위를 한다고 생각하여 거부감을 가지기도 한다. 하지만 이는 경영에 대한 개념을 정확히 인지하지 못한데서 기인하는 반감이라고 할 수 있다. 경영(經營)의 원래 의미는 사업이나 기업 등의 조직을 효과적이고 효율적으로 관리·운영하는 활동이다. 경영한다는 것은 어느 조직을 그 설립목적에 부합하도록 의식적으로 계획·유도하고 지휘하는 것을 말한다. 조직은 가계, 기업, 기관 또는 사찰, 교회 등에 모두 해당한다. 그래서 사찰·교회·학교·병원·고아원 등과 같은 비영리적 경제단위나 주식회사와 같은 영리적 경제단위를 경영한다는 것은 각기 이들 경영체의 설립목적에 부응하도록 계획하고 낭비 없이 밀고 간다는 것을 의미한다. 즉 영리단체의 경영은 영리추구이지만 비영리단체의 경영은 영리추구가 아닌 것이다. 하지만 현대사회에 접어들면서 기업의 역할과 비중이 점차 커지게 되어 오늘날에는 주로 경영이 기업경영을 의미하게 되면서 혹자의 생각과 같은 오해가 형성되기도 하는 것으로 보인다.

그렇다면 비영리단체로서 사찰경영은 무엇을 위한 경영이어야 하는가? 이를 위해서는 사찰(寺刹)에 대한 정의를 우선 살펴보는 것이 타당하다고 생각된다. 사찰이 무엇을 하는 곳인지를 정확하게 알아야 그 곳을 목적에 맞게 경영할 수 있기 때문이다. 사찰의 사전적 의미는 부처님의 가르침에 따라 불도(佛道)를 닦는 수행 도량이자 불법(佛法)을 널리 펴서 중생을 제도하는 포교의 장이다. 가람(伽藍)이라고도 하는데, 이는 범어의 상가라마(saṁghārāma)를 한자로 음역한 것이다. 이는 중원(衆院) 또는 정사(精舍)라는 뜻으로 비구·비구니·우바새·우바이 등의 4부대중(四部大衆)이 모여 사는 집이라는 뜻이다. 이를 정리하면, 사찰은 4부대중의 수행과 포교를 위한 장소라고 정의할 수 있다. 그렇기 때문에 사찰의 경영은 불도를 닦고[수행] 교법을 전하기 위한[포교] 목적에 부응하는 경영이 되어야 한다.

그렇다면 사찰경영은 누구를 위한 경영이어야 하는가? 앞에서 사찰경영의 목적이 수행과 포교를 위한 것이어야 함을 알 수 있었다. 그러면 수행과 포교를 위한 사찰경영은 누구를 위한 것인가, 사찰경영의 측면에서 다시 설명하자면 수행과 포교를 위한 사찰경영의 수익자는 누구이어야 하는가 하는 것이다. 사찰경영이 수행과 포교를 위해서 이루어지는 활동이라면, 사찰경영의 수익자는 수행과 포교를 하는 자와 받는 자가 되는 것이 합당하다. 그렇다면 수행과 포교를 하는 자와 받는 자는 누구인가?

불교를 가리켜 수행의 종교라고 한다. 절대자에 대한 무조건적인 신앙을 강조하는 종교와는 달리 불교는 수행에 의한 깨달음을 얻을 것을 요체로 한다. 그리고 불교는 각자 자신의 능력과 근기에 맞는 수행법을 택해 정진하여 바른 깨달음을 얻게 할 수 있도록 다양한 수행법을 제시하고 있다. 하지만 이와 같이 수행법은 다양하나 모든 수행법은 한결 같이 바른 깨달음 즉, 성불(成佛)을 이루기 위한 방법이다. 성불은 자신을 윤회의 굴레로부터 벗어나 해탈에 이르게 한 상태, 즉 붓다(Buddha, 깨달은 자)가 됨을 의미한다.

그런데 불교에서는 모든 사람 개개인이 본래 구족한 본성(本性)을 갖추고 있다고 한다. 그 본성은 곧 부처님의 본성으로 경전에서는 이를 불성(佛性)이라고 한다. 대승경전인 《열반경》에서는 모든 중생들이 불성이 있다고 하는데 이를 일체중생실유불성(一切衆生悉有佛性)이라 한다. 일체중생에 불성이 있기에 모두가 성불에 이를 수 있는 잠재력을 가지고 있다. 다만 중생이 무명에 가려서 이를 보지 못하기에 수행으로 무명을 걷어내어 성불에 이르고자 하는 것이다. 여기에서 중생(衆生)의 범위를 '존재하는 모든 것들'이란 의미로 쓰일 때에는 생명이 있는 것[有情物] 뿐만 아니라 생명이 없는 것[無情物]까지도 불성이 있다는 것이 된다. 하지만 생명이 있는 모든 것이라고 할 때에는 곤충이나 미물(微物)들까지 불성이 있다는 것이 되지만, 본고에서는 현실적인 이해와 논의의 편의를 도모하고자 중생을 인간에 한정시켜 이해하여도 무방할 것이다.

이러한 불성관과 수행관에 의했을 때, 수행을 하는 자와 수행을 받는 자는 누가 될 수 있는가? 그런데 수행이란 본디 자발적·능동적인 행위를 전제로 하기 때문에 '하는 자'는 있어도 '받는 자'란 수행의 본 의미에 부합하기 어렵다. 그러면 수행을 하는 자는 누구인가, 다시 말하면 누가 수행자가 될 수 있는가? 우리는 위에서 불성은 일체중생에 깃들여 있으며 그렇기 때문에 누구라도 수행에 의하여 깨달을 수 있음을 살펴보았다. 이에 일체중생은 누구라도 수행자가 될 수 있음을 알 수 있다.

포교(布教)의 '포(布)'는 고대에 화폐를 대신하여 사용되었던 베로 일종의 통화였으며 널리 유통되고 움직이는 것이므로 제한이 없이 두루 쓰이는 사물이었다. 그러므로 포교란 통화가 널리 유통하여 만인을 이롭게 하는 것처럼 널리 불법(佛法)을 유통시켜 세상사람 모두를 이롭게 하고 윤택하게 하는 것이다. 즉 불법을 사회에 널리 펼쳐서 중생이 불법에 인연을 맺을 수 있도록 하고, 그들이 불법을 따르고 지켜서 모두가 이롭고 윤택한 불국정토를 일구는 것이다.

괴로움 많은 사바세계의 중생은 본성이 무명에 뒤덮여 탐(貪)·진(嗔)·치(痴) 3독심(三毒心)이 생겨나고 이로 말미암아 인간 생활을 함에 있어 마음을 제대로 옳게 쓰지 못하게 되어 원하는 바와는 달리 온갖 고난을 겪게 된다. 즉 중생이 진리에 어긋나게 생활을 하고 있기 때문에 고난이란 것이 생기는 것이니, 인간 생활이 진리에서 이탈되는 만큼 중생에게 불행이 오는 것이다. 이에 중생이 완전히 행복해지기 위해서는 무명을 끊고 맑고 깨끗한 본성을 찾아 그것이 움직이는 대로 생활해야 하고, 현재의 고난에서 벗어나기 위해서는 그것을 만들어 냈던 못된 마음을 알아내 없애야만 한다. 이를 위해서 부처님은 전도[포교]를 선언하였다.

제자들아! 자, 이제 길을 떠나거라.
많은 사람들의 이익과 행복을 위하여, 세상을 불쌍히 여기고, 인천(人天)의 이익과 행복과 안락을 위하여. 그리고 두 사람이 한 길을 가지 말라.

제자들이여! 처음도 좋고 중간도 좋고 끝도 좋으며, 조리와 표현을 갖춘 법[진리·가르침]을 전하라. 또한 원만 무결하고 청정한 범행(梵行)을 설하라. 사람들 중에는 마음의 더러움이 적은 이도 있거니와 법을 듣지 못한다면 그들도 악에 떨어지고 말리라. 들으면 법을 깨달을 것이 아닌가?

제자들아! 나도 또한 법을 설하기 위하여 우루벨라의 세나니가마로 가리라.

《잡아함경》 권39, 〈승삭경(繩索經)〉(〈대정장〉 2, p.288b)

부처님은 일체중생의 이익과 행복과 안락을 위하여 전도할 것을 선언하고 있는 것이다. 인천(人天)이 이익 되고 행복하고 안락한 세상, 즉 불국정토의 구현을 위해 포교할 것을 부촉하고 있는 것이다.

그러면 포교를 하는 자와 받는 자는 누구인가, 포교를 하는 자란 능동적 개념으로서 포교의 주체인 법사·비구·전법자 등을 지칭할 수 있으며 통칭하여 포교사라 할 것이다. 이에 반하여 포교를 받는 자란 수동적 개념으로서 포교의 객체라 할 수 있으며 아직 불법(佛法)을 접하지 못한 모든 중생이 해당될 것이다.

결국, '사찰경영은 누구를 위한 것인가?'라는 물음에 대하여 답을 한다면, 사찰경영은 일체중생을 위한 경영이라 할 것이다. 왜냐하면 사찰이란 수행과 포교의 장소이기에 사찰경영은 수행과 포교를 위한 경영이어야 하며, 그리고 그 수행과 포교의 주체와 객체는 세론(細論)한 바와 같이 일체중생이기 때문이다. 이에 사찰경영은 사찰의 이익만을 추구하는 행위가 아닌 여타 모든 사회 구성원의 이익도 아울러 추구하는 행위가 되어야 한다. 사찰경영은 자리이타(自利利他)의 경영이 되어야 하는 것이다. 다시 말하면, 수행과 포교는 자기 자신을 이롭게 하고[自利] 더불어 다른 사람을 이롭게 하는[利他] 행위이기 때문에, 사찰경영은 자기 자신과 다른 사람을 함께 이익되게 하는[自利利他] 경영이 되어야만 하는 것이다.

자리이타는 자익익타(自益益他)·자리이인(自利利人)·자행화타(自行化他)라고도 한다. 자리(自利)란 스스로를 이롭게 한다는 뜻으로 노력하고 정진하여 수도(修道)의 공덕(功德)을 쌓아 그로부터 생기는 복락(福樂)과 지혜 등 과덕(果德)의 이익을 자기 자신만이 향수하는 것을 가리킨다. 이에 대하여 이타(利他)란 다른 이의 이익을 위하여 행동하는 것을 뜻하며 자신의 이익뿐만 아니라 모든 중생의 구제를 위해 닦는 공덕을 말한다. 이 2가지를 합하여 이리(二利)라고 한다. 대승불교에서는 소승불교에서 지향하는 자리적인 수행을 비판하고, 이에 대해 자리와 이타가 조화를 이루면서 동시에 완전하게 실현된 상태, 곧 자리이타의 원만(圓滿)함이 실현된 세계를 목표로 삼아 이러한 세계가 바로 부처의 세계라고 했다.

그렇다면 자리이타의 사찰경영이란 무엇인가? 사찰의 성장만을 추구하는 것이 아니라 사찰이 사회의 공동 구성원으로서 더불어 성장할 수 있도록 경영하는 행위를 자리이타의 사찰경영이라 할 것이다. 사찰은 성장 경영을 추구함에 있어서도 사찰이 우리 사회의 중요한 일원이라는 사실을 늘 잊지 않고 사회적 책임과 의무를 다해야 한다.

사찰경영자는 사회가 존재할 수 있어야만 사찰도 존재할 수 있음을 망각해서는 안 된다. 보다 불교적으로 이야기하자면, 사찰과 사회는 연기적(緣起的) 존재인 것이다. 연기법은 모든 것은 홀로 존재하지 않고 상호관계 속에서 존재한다는 진리이다. 모든 존재를 서로 깊은 관계 속에 영향을 주고받으면서 '더불어' 하나로 있다고 보는 것이다. 때문에 사찰경영자는 사찰경영을 부분적으로 보지 말고 전체적으로 보는 안목을 길러야 한다. 사찰은 여러 개인으로 이루어져 있으며 또한 사회의 일부분이다. 즉 사찰, 사회, 개인은 서로 뗄 수 없는 깊은 관계를 맺고 있으며, 사찰은 사회와 개인에게 많은 영향을 끼치고 또 그것들로부터 영향을 받는다. 따라서 사찰은 그것의 다양한 인연 관계를 잘 이해하지 않고서는 결코 성장할 수 없음을 간과해서는 안 된다.

또한 사찰경영자는 혹여나 이타의 행위가 자리를 저해하지나 않을까 하는 우려를 할 필요도 없다. 도겐(道元)은 그의 저서 《정법안장(正法眼藏)》에서 "어리석은 사람은 이타를 앞세우면 자기의 이익이 없어져버릴 것이라고 생각한다. 그러나 실은 그렇지 않다. 이행(利行, 사람을 위해서 이익 되게 하는 것)은 한 법으로서 널리 자타를 이롭게 한다."라고 기록하고 있다. 이익의 추구란 자리와 이타가 하나된 행위라는 의미다. 그러므로 사찰은 절대로 사회를 도외시하면서 이익을 추구하지 말아야할 뿐만 아니라, 사찰경영에서 창출된 이익은 항상 봉사활동 등을 통하여 사회에 적극적으로 환원할 수 있어야 하는 것이다.

그러기 위해서는 사찰경영자가 '자리이타의 경영'에 대한 확신이 선행되어야만 한다. 근래에 들어서 기업의 극단적인 이윤추구에 대한 반성과 함께 윤리경영이 새로운 경영철학으로 떠오르고 있는데, 사회와의 나눔과 상생을 그 핵심으로 하고 있다. 이는 사찰경영론의 핵심인 자신과 타인 모두를 이롭게 하여야 한다는 '자리이타'의 정신과 일맥상통한다. 이윤추구를 본질로 하는 기업마저도 나눔과 상생을 기업의 사상으로 대체하는 상황에서 연기론에 기반을 둔 사찰의 경영은 당연히 자리이타의 경영이어야 할 것이다.

6. 불교명상, 상업이 아닌 수행

불교명상은 힐링과 레저 너머 수행
불교명상은 무아(無我), 상업명상은 유아(有我)

우리사회에 명상 열풍이 불고 있다. 종교적 수행이 본질이었던 명상이 이제는 거리감 없이 접할 수 있는 일상적 활동이 된 듯하다. 이제는 누구라도 어디에서든 관심만 가지면 쉽게 명상에 대하여 알아볼 수 있고, 실제로 수많은 사람들이 명상을 하고 있다. 그런데 그 열풍은 종교적 수행 차원의 명상이 아니라 현대인의 지친 삶을 치유하는 차원에서 일고 있음에 유의해야 한다. 명상의 역사가 종교의 수행과 밀접하게 연관되어 있기는 하지만 현재의 명상 열풍을 불교수행의 사회적 확산으로 이해해서는 안 된다는 의미다. 우리사회의 명상 열풍 속에는 깨달음을 향한 불교수행 차원의 명상도 이루어지고 있지만 일반인들에게 유행하는 명상들은 대체로 스트레스 해소 등의 힐링(healing) 혹은 여가 생활 등의 레저(leisure)를 위하여 이루어지고 있기 때문이다.

명상은 불교의 전유물이 아니다. 깨달음이라는 불교적 목적 차원에서 이루어지는 것이 아닌 이외의 힐링과 레저를 목적으로 하는 명상도 분명 명상이다. 그러나 불교의 입장에서는 사회적으로 다양한 명상이 확산될수록 불교의 명상 즉 불교명상의 정체성을 고민해야 한다. 불교수행으로서의 명상과 힐링 및 레저로서의 명상을 구분할 필요가 있는 것이다. 종교는 분명 힐링과 레저와는 구별되는 사회영역이며 그 사회적 기능 또한 분명히 다르기 때문이다.

마크 앱스타인(Mark Epstein)은 "불교명상의 영역에는 정신치료를 넘어 무언가가 존재하는데, 보통의 정신치료만으로는 도달할 수 없는 자기 이해의 머나먼 지평을 향한 것이다."라고 하였다. 이는 불교명상이 힐링과 치유보다 존재의 근원적 문제에 대한 해결을 지향하고 있음을 의미한다. 같은 맥락에서 불교명상이 레저보다도 존재의 근원적 문제 해결을 지향하고 있음도 물론이다.

이 대목은 여타의 상업명상과 달리 불교명상은 지향점이 다름을 시사한다. 상업명상이 힐링과 레저를 추구하더라도 불교명상은 그 보다는 원천적인 다른 무언가를 위하여 이루어져야 하다는 것이다.

왜 그런 것인가? 결론부터 이야기하면, 불교명상은 불교수행법이기 때문이다. 불교명상은 힐링과 레저가 아닌 어디까지나 종교로서 불교의 수행법 중 하나인 것이다. 즉 절, 염불, 주력, 사경 등 여타의 불교수행법과 마찬가지로 북방불교의 간화선과 묵조선, 남방불교의 위빠사나, 티벳불교의 여러 명상법 등의 불교명상도 본래 불교의 궁극인 깨달음을 얻기 위하여 행해지는 것이다.

그런데 이때의 불교수행으로서 불교명상은 상품화를 위하여 변형된 유사한 명상과는 구분해 생각하여야 한다. 대부분의 상품화된 명상들은 힐링과 레저에 따른 반대급부 즉 비용의 문제가 발생하는데 이들 명상들은 수익을 위하여 불교명상을 변용하거나 심하게는 왜곡하기 때문이다. 불교명상을 상품화한 명상들은 엄밀히 말하면 불교명상이 아닌 '불교 모방 명상'이다.

불교명상의 과정에서 힐링 효과도 생긴다. 불교명상이 힐링에 효과가 있다는 연구결과는 국내외에 차고 넘친다. 또한 불교의 깨달음이 중생고로부터 벗어나는 것이기에 그러한 힐링 효과는 불교명상뿐만 아니라 여타의 다른 불교수행법에서도 생긴다. 그리고 여타의 불교수행법으로 인한 힐링 효과를 검증한 연구결과도 상당수 존재한다.

하지만 불교명상과 불교수행이 힐링 효과가 있다고 하여서 그 궁극적 목적이 힐링이라고 할 수는 없다. 마찬가지로 사람들이 레저의 목적으로 참선을 할지라도 레저가 불교명상의 궁극적 목적은 될 수 없다. 힐링과 레저는 불교명상의 부수적 목적은 될 수 있으나 궁극적 목적은 되지 못하는 것이다.

그렇기 때문에 불교명상은 서구심리학이 주도하는 명상치료에 무작정 동조해서는 안 된다. 심리치료학자들은 통계적으로 입증할 수 있는 치료 효과에만 관심을 갖는 듯하다. 물론 현대적 방식으로 명상을 활용하는 것이 문제가 되지는 않는다. 그러나 그러한 현재의 분위기에 압도되어 불교명상이 삶의 근원적인 문제 해결에 주력해왔다는 사실을 망각해서는 안 된다. 이를 위해선 불교명상의 근본 목적이 무엇인지 되새겨야 한다. 불교명상은 비단 신경증 환자만이 아니라 정상적인 보통의 일반인들을 상대로 해왔다. 즉 인간이 지니는 보편적인 괴로움의 종식에 주목해왔다. 이는 불교명상이 불교수행법임을 단적으로 정의해준다. 붓다 이래 불교의 수행은 인간의 괴로움을 해소하고자 이루어져왔기 때문에 불교명상이 불교수행법의 하나라고 규정하는 것은 틀린 말이 절대 아니다.

불교명상은 여타의 명상과 달리 종교적 정체성을 담보하여야 한다. 불교명상은 본래 불교의 수행법이기 때문이다. 이는 불교명상이 힐링과 레저 그 이상의 정체성을 가져야 한다는 의미와 일맥상통한다. 종교로서 불교는 타력이 아닌 자력신앙이다. 신에게 의지하여 구원을 받는 종교가 아니라 자신이 붓다되어 일체의 고(苦, dukkha)가 제거된 열반에 도달하는 종교이다.

불교명상은 불교의 수행법이기에 불교명상의 궁극적 목적은 불교수행과 동일하거나 벗어나지 않는다. 불교수행의 궁극적 목적은 심신 치유의 힐링도 아니고, 여가 활동의 레저도 아니고, 이 둘을 포함한 현실적 욕망의 충족 방법도 아니다. 불교수행의 궁극의 목적은 '본래 부처'됨이다. 그렇기에 불교명상의 궁극적 목적은 '본래 부처'로서의 면목을 깨우치고 회복할 수 있도록 이끌어주는 수행법이 되는 것이다.

만일 불교명상이 힐링이나 레저 같은 세속적 욕구 충족의 목적을 벗어나지 못한다면 종교로서 불교적 정체성을 담보하였다고 할 수 없다. 불교명상의 궁극적 목적은 불교수행, 보다 정확히 말하면, 고타마 싯다르타가 수행한 이유에서 찾을 수 있다. 고타마 싯다르타는 생로병사의 고로부터 벗어나고자 수행하였으며, 그 결과 붓다가 되었다. 이것이 불교명상이 갖는 종교적 정체성이다. '스스로 붓다됨'은 그 누구에게라도 달성이 매우 어려운 목적이다. 그러나 종교적 목적의 달성이 지난(至難)하다고 하여서 그것을 현세적 목적으로 대체해서는 안 된다. '스스로 붓다됨'이라는 종교적 목적의 도달이 어렵다고 하여서, 애초부터 불교명상을 힐링과 레저 등 현세적 욕망의 성취 수단으로 설정해서는 안 되는 것이다. 그렇게 하는 순간 불교명상의 궁극 목적은 종교적 목적인 성(聖)스러운 것에서 세간적 목적인 속(俗)스러운 것으로 변질되기 때문이다.

이에 불교명상은 현세적 가치의 현실적 수용이 아닌 종교로서 불교적 정체성을 확보할 수 있어야 한다. 사람들의 힐링과 레저 또는 사찰의 신도와 재정 확보 등과 같은 전도몽상(顚倒夢想)에 근거해 있는 자의식을 깨뜨리고 '본래 부처'로서의 진면목을 바르게 회복하는데 불교명상의 목적을 두어야 한다. 모든 사물을 바르지 못하게 거꾸로 보고, 헛된 꿈을 꾸면서도 그것이 꿈인 줄 모르고 현실로 착각하는 사람들을 '스스로 붓다' 되도록 이끌어주는 것이 불교수행으로서 불교명상의 목적이 되어야 하는 것이다. 불교명상을 한다는 것이 현실적 자아관에 기초한 자질구레한 욕망과 인위적 성취에 대한 몽상을 해체하는 과정이 될 수 있어야 하는 것이다.

그렇다면 불교명상과 상업명상은 어떻게 변별할 것인가? 불교명상과 상업명상을 가름 짓는 것은 무엇보다도 무아(無我)와 유아(有我)의 차이다. 힐링과 레저로서의 상업명상은 유아를 위한 것이며, 불교수행으로서의 불교명상은 무아에 대한 지향이다.

무아(無我)는 만물에는 고정 불변하는 실체로서의 나[實我]가 없다는 뜻이다. 석가모니 이전의 인도사상에서는 상주(常住)하는 유일의 주재자로서 참된 나인 아트만(ātman)을 주장하였으나, 석가모니는 아트만이 결코 실체적인 나[我]가 아니며, 그러한 나는 없다고 설하였다. 그런데 상업명상들은 대체로 우주의 근본원리인 범(梵, brahman)과 개인의 본체인 아(我, ātman)가 같다는 범아일여(梵我一如)의 수준을 넘어서지 못하는 듯하다. 왜냐하면 상업 명상들의 요지는 자신의 주관적 정체를 파악하되 자신을 둘러싼 세계, 자연 등 모든 것이 자신과 다른 어떤 것이 아니라 긴밀히 연관되어있음을 함께 파악하라는 것이기 때문이다. 그들의 세계관의 근저에는 제 아무리 다른 용어로 표현한다 해도 그 본질에는 실체로서의 나[我]가 존재하고 있는 것이다. 그리고 그 명상들, 특히 상품화된 명상들이 무상한 실체인 나의 행복을 위한 힐링과 레저로써 이용되고 있는 것이 바로 불교명상과 상업명상을 가름 짓는 점이다.

웰빙과 힐링 그리고 워라밸의 풍조에 힘입어 명상의 붐이 일어나는 것은 불교명상의 성장과 확산에 긍정적인 현상이다. 그러나 불교수행법으로서 불교명상의 정체성을 망각한 채 명상의 붐에 뛰어드는 것은 '나방이 불에 뛰어드는 것과 다르지 않음'을 유념해야 한다.

현재 사회적으로 일고 있는 명상 붐은 인간의 고통을 제거하고 행복을 추구한다는 면에서는 불교명상과 동일해 보일 수 있다. 그러나 상업명상은 유아(有我)를 전제로 한다는 점에서 무아(無我)를 전제로 하는 불교명상과는 다르다. 즉 여타의 명상이 현세를 살아가는 나라는 존재의 행복에 집착함에 비하여, 불교명상은 나를 버림으로써 영구한 이고득락(離苦得樂)을 얻는 것이다. 그렇기 때문에 불교명상이 양적으로 성장하고자 명상의 붐 속으로 정체성 없이 달려드는 것은 오히려 불교명상을 쇠퇴시키는 행동임을 잊어서는 안 된다.

02

사찰경영, 부처님 법대로 하면 잘된다

인사의 법

인재양성

1. 고른 인재 등용

문중과 계파 극복 절실
실적제와 인력 데이터베이스 구축 필요

인사(人事)가 만사(萬事)라는 말은 불교조직에도 해당한다. 소임자를 잘 뽑아야 절집이 평안해지는 것이다. 절집에서는 공동생활에 불편이 없게 하기 위해서 철저한 분업, 즉 소임을 분담해왔다. 주지를 비롯한 제반 소임은 모두 대중의 수행정진을 위한 봉사자로서 자리해온 것이다. 대중을 위하여 사찰을 관리하는 직위로서 주지가 있고, 대중을 위하여 사찰의 기강을 바로 잡는 직위로서 유나가 있고, 대중을 위하여 경(經)을 가르치는 직위로서 강사가 있고, 대중을 위하여 심부름을 하는 직위로서 행자가 있는 것이다. 요컨대 사찰의 소임은 위로부터 아래에 이르기까지 대중을 위한 것이지 권세를 누리기 위한 것이 아니다.

그러나 요즘에는 소임이 봉사가 아닌 권세로 이용되는 추세다. 그렇다보니 스님들이 서로 소임을 맡으려고 한다. 소임을 하려고 하는 지원자가 많고 그들을 능력에 맞추어 고르게 등용한다면 나무랄 것이 없다. 하지만 사회에서 혈연, 학연, 지연이 인사에 영향을 미친다면, 절집에서는 문중과 계파가 인재 등용에 커다란 변수로써 작용한다. 이는 한국불교의 인사가 정실주의와 엽관주의의 한계를 벗어나지 못하는 주요 원인이 되고 있다.

정실주의(情實主義)는 인사권자와의 개인적 정(情)이 인사의 매개가 되는 것이다. 한국불교의 정실주의 사례로는 문중(門中)을 대표적으로 꼽을 수 있다. 승가의 일상에서 어떤 스님을 거론할 때는 누구의 상좌인지, 어느 문중의 사람인지가 관심사로 등장한다. 나아가 중앙종무기관의 소임자 스님이나 유수 사찰의 주지에 대한 임면에도 문중의 안배가 작용한다. 절집의 문중은 스승이 제자의 머리를 깎아주는 득도의식에 의해 사제의 관계가 된 후 양자 간에 스승과 제자의 맥이 이어져 내려오면서 형성된 인맥이다. 이에 문중에서는 스승과 제자 사이에 탈속(脫俗)의식과 더불어 인정이 흐르게 되었고, 아울러 스승이 지니고 있던 이념의 계승과 함께 수행의 가풍이 전승되었다. 하지만 근래에 들어서는 스승과 제자 사이에 경제적·물질적인 지원이 밀접하게 결부되면서 세속적인 가족의 개념이 강하게 형성되어가고 있다. 어른을 중심으로 형제 자식이 씨족을 형성하는 유교식 집안 운영 원리가 불교에 적용된 것이다.

이런 불교 문중의 유교화는 정화불사 이후 1960년대에 심해졌다. 정화불사는 부처님 법대로 살고자 비구승이 주도한 불교 내부의 정화운동이었다. 이 운동 이후 대처승은 태고종으로 분종(分宗)하였다. 분종 이전 통합종단에서는 대처승이 중앙과 교구를 차지하고 있다. 그런데 대처승이 분종하고 비구승만 남게 된 조계종의 대부분 교구본사는 무주공산(無主

空山)이 되었다. 그 빈자리들을 여러 문중이 각각 차지하고 그 권속에게만 소임을 주었던 것이다. 그러면서 문중은 수행가풍의 전승보다는 경제적·물질적 승계의 기능을 하게 되었다. 불교의 문중이 유교의 문중으로 변질된 것이다. 현재까지도 이런 현상은 지속되고 있는데, 특히 주지 소임을 둘러싼 갈등이 종종 심하게 노정되고는 한다. 그런데 문중에 의한 인사 문제는 본사의 소임자뿐만 아니라 총무원장의 선출을 비롯한 중앙종무기관의 소임과 관련하여서도 나타난다. 총무원장의 선출에 있어서는 문중의 집단행동과 문중 간 연대가 주요 변수로 작용하고 있으며, 중앙종무기관의 집행부 구성에 있어서도 문중에 대한 고려가 인사의 주요 요소가 되어있다.

엽관주의(獵官主義)는 관직을 사냥한다는 의미로 선거 등에서 공을 세워 직위를 얻는 것이다. 한국불교에서 엽관주의를 대표하는 사례로는 '종책모임'이라고 불리는 계파(系派)를 들 수 있다. 오늘날 조계종의 계파는 과거 문중의 힘을 점차 대체하고 있다. 과거 문중의 의사와 영향력에 의하여 전적으로 결정되던 인사에 있어서 계파의 의사와 영향력이 강화되고 있는 것이다. 이는 1994년 소위 개혁불사와 무관하지 않다. 종단의 민주화를 위하여, 중앙종회의 권한을 강화하고 총무원장과 교구본사주지를 선거로 선출하도록 제도를 개선했었다. 그런데 중앙종회의 의사결정과정에서 이해관계에 따른 계파가 종책모임이라는 이름으로 형성되었다. 계파는 이후 총무원장과 교구본사주지 선거에서 세를 규합하여 당락에 영향을 주는 행보를 보여 왔다. 각종 선거 이후에는 계파 내의 기여도에 따라 중앙과 교구에서 주요 소임에 임명되는 구조가 되었다. 이와 같이 문중과 계파, 즉 정실주의와 엽관주의가 스님 인사에서 주요 기준이 되어 있는 한국불교에서 실적주의의 강화는 시대적 요청이기도 하다. 실적주의는 정실주의나 엽관주의에 대한 반(反)명제로서 능력에 바탕을 인사관리제도를 의미하기 때문이다. 실적주의(實績主義)란 조직구성원의 등용이 당파성이나 개인적 인연이 아니라, 업무 수행 능력을 기준으로 이루어지는 것을 의미한다. 즉 실적주의의 강화란 소임자의 인사 기준을 기존의 문중과 계파 일변도에서 벗어나 실적의 반영 수준을 보다 더 높이자는 것이다.

그런데 한국불교의 현실에서 실적주의가 스님의 인사에 제대로 적용되기 위해서는 '승려인재 데이터베이스(database)'의 구축이 시급하다. 근래에는 불교종단의 주요 인사를 두고 회전문 인사라는 비난이 종종 일어나고는 한다. 이는 일차적으로는 정실주의와 엽관주의에 대한 비판적 시각이지만 승려인재 데이터베이스가 미흡하기 때문에 발생하는 현상이다. 승려인재 데이터베이스란 스님들의 정보를 체계적으로 관리하여, 종단 주요 인사 시 구성원의 지식과 경험을 활용할 수 있게 구축하는 승려정보관리시스템이라 할 수 있다. 그렇기 때문에 승려인재 데이터베이스에는 수행경력, 사회경력, 학력, 자격면허, 상훈, 저서, 논문 등 주요 소임 인재 추천에 필요한 객관적인 인물정보 자료가 수록되어야 한다. 그리고 인물정보의 수록은 본인이 등록하는 방법과 타인이 추천하는 방법을 겸하는 것이 효과적이다.

향후 한국불교에 있어서 실적주의가 도입되어 실천된다면 우선, 능력 있는 모든 스님들이 소임에 등용될 수 있는 기회균등을 보장받음으로써 종단 내 민주주의적 평등이념의 실현에 기여할 수 있게 될 것이다. 또한 공개경쟁과정에서 무자격자나 정치적 부정행위자를 배제함으로써 종무행정 능률의 향상과 소임자의 자질 향상에 이바지하게 될 것이다. 마지막으로 문중과 계파를 벗어나 능력과 실적에 의하여 등용된 소임자는 정치적 중립이 용이하기 때문에 문중과 계파 이익이 아닌 대중의 공익을 위하여 봉사할 수 있게 될 것이다.

2. 종무행정 인재양성 시급

종무행정 전문인력 양성기관 필요
불교종단과 불교종립대학의 유기적 연계 교육 절실

상당수 일선 사찰의 종무행정은 주먹구구식으로 이루어지고 있는 것이 현실이다. 물론 종무행정의 전문성을 갖춘 종무원을 영입하여 체계적·효율적으로 업무를 처리하는 사례들도 존재한다. 하지만 사찰의 업무라고 하면 아직까지도 과거에 부목(負木), 불목하니 내지 처사(處士)가 하는 수준의 잡무로 인식하는 경향이 많다.

종무원은 종단과 사찰의 전문인력임에도 불구하고, 불교계에 그 양성기관이 존재하지 않는다. 총무원 등 중앙종무기관은 결원이 생기면 그때그때 홈페이지에 공고를 내고 채용하며, 일선 사찰에서는 대부분 주지스님과의 인연관계에 따라 특별한 절차 없이 채용한다. 이와 같은 채용시스템으로는 종무행정 정예인력을 충원하기 어렵다. 종무원은 업무능력뿐 아니라 불교적 신심과 소양을 요하기 때문에 며칠에 걸친 단기교육이 아닌 수년간에 걸친 장기교육을 받은 사람이어야 한다.

그런데 종무행정 인재가 불교계의 전문인력으로 영입되고 정착되기 위해서는 교단적으로 합당한 처우와 근무환경을 마련해줄 수 있는 여건이 우선 조성되어야 한다. 혹자는 사찰에서 근무한다고 하면 산사에서 차 한 잔하며 여유롭게 일하는 모습을 생각할 수도 있다. 그러나 일선 사찰 종무원의 일상은 그러한 이미지와는 상당히 다르다. 종교조직이 갖는 특성상 박봉을 감수하더라도, 스님의 권위의식으로 인한 어려움과 불확실한 업무분장으로 인한 종무원 간 갈등, 주지스님이 바뀌면 발생하는 종무원의 해고, 여기에 더하여 종무원에 대한 낮은 사회인식 등의 열악한 근무환경은 우수 인재의 영입은 고사하고 숙련된 기존 종무원마저도 떠나게 만든다. 이러한 상황을 개선하기 위해서는 불교종단과 불교종립대학의 협력이 유기적으로 이루어져야 한다. 불교종립대학은 종단과 사찰의 현장에서 요구되는 업무능력을 갖출 수 있도록 체계적인 교육을 함은 물론 신도들의 모범이 되는 불퇴전의 신심과 불교적 소양을 갖출 수 있도록 교육할 필요가 있다.

이를 위해서 불교종립대학은 현행 교재강독 중심의 교육에서 나아가 각 불교종단과 협의하여 학생들이 중앙종무기관과 일선 사찰의 종무행정 현장을 실습할 수 있도록 하는 한편 학생들의 주기적인 신행활동이 이루어질 수 있도록 지도·점검할 수 있어야 한다. 그리고 불교종단은 유능한 젊은이가 보람을 가지고 일생에 걸쳐 종무원으로 봉직할 수 있는 근무 여건과 환경을 마련해주어야 할 것이다. 특히 일선 사찰의 종무원의 처우가 중앙종무기관에 상응하게 개선되어야 한다. 현재 일선 사찰의 종무원은 중앙종무기관과는 달리 비정규직으로 근무하는 사람들이 많으며 상당수가 4대 보험도 보장받지 못하고 있다. 심한 경우에는 고용불안에 시달리기도 한다. 이러한 근무여건으로는 향후 우수한 종무행정 인재가 양성되더라도 그들이 종무원으로 영입되기를 기대하기는 힘들다. 이의 개선을 위해서는 상대적으로 업무가 체계적이고 재정이 안정적인 교구본사와 수사찰(首寺刹)이 우선 중앙종무기관에 준하도록 종무원의 근무환경을 개선해줄 필요가 있다.

현재 불교종단과 사찰들이 복지와 문화를 비롯한 다양한 영역에서 사회적 역할을 요청받고 있음에 반하여 출가자는 오히려 급감하고 있다. 이러한 현실 속에서 종무행정 전문인력의 양성은 시대적 요청이라 하여도 과언은 아니다.

3. 재가종무원 처우 개선

재가종무원에 대한 인식 개선 절실
급여, 복지후생, 신분보장, 인간관계 등 고려 필요

'종무원'은 불교신도로서 종무기관 및 일선 사찰에 근무하는 직원이다. 종무행정이나 사찰경영의 소임을 맡은 스님들은 교역직 종무원으로, 그리고 재가신도는 일반직 종무원으로 나누기도 하지만, 흔히 종무원이라고 하면 재가종무원을 지칭한다. 재가종무원은 다시금 근무기관의 소재지에 따라서 중앙종무기관의 종무원과 지방종무기관의 종무원으로 분류할 수 있다. 조계종을 사례로 삼는다면, 중앙종무기관에는 총무원, 교육원, 포교원, 중앙종회, 호계원, 불교신문사 등이 해당되며, 지방종무기관에는 교구의 본사 및 말사 등이 해당된다.

종무원의 처우 개선을 논함에 있어서는 그들이 처한 근무환경에 대한 분석이 선행될 필요가 있다. 출가종무원[교역직 종무원]과 재가종무원[일반직 종무원], 중앙종무기관의 종무원과 지방종무기관의 종무원이 처한 근무환경이 상당 부분 다르기 때문에 처우 개선도 그에 상응하게 고민하여야 하는 것이다.

출가종무원과 재가종무원에 있어서 처우 개선이 시급한 종무원은 재가종무원이라고 할 수 있다. 종단 및 사찰의 소임을 맡고 있는 출가종무원인 스님들은 비록 행정업무를 책임지거나 담당하고 있을 지라도 재가종무원과 같은 직장인의 개념을 적용하기 힘든 대상이다. 이에 조계종의 〈종무원법〉은 출가종무원의 근무를 '봉사(奉仕)'로, 재가종무원의 근무를 '봉직(奉職)'으로 규정하고 있다. 사전적(辭典的)으로 봉사는 '무보수로 남을 위하여 자신을 돌보지 아니하고 힘을 바쳐 애씀'으로, 봉직은 '공직에 종사함'으로 정의되고 있다. 봉사와 봉직의 정의는 모두 이타행(利他行)을 전제하고 있지만, 통념상 봉사에는 '무급(無給)'의 개념이, 봉직에는 '유급(有給)'의 개념이 내포되어 있다. 물론 스님들의 처우도 개선되어야 한다. 하지만 그 처우 개선은 직장인으로서의 근무환경 개선이 아니라 승려노후복지와 같은 수행생활환경의 개선이다.

처우 개선의 대상을 재가종무원으로 한정하였을 때, 중앙종무기관과 지방종무기관의 재가종무원 중 보다 시급한 대상은 지방종무기관의 재가종무원이다. 중앙종무기관 종무원들은 근로 시간과 임금, 퇴직 등에 있어서 근로기준법에 의한 보장과 보호를 받고 있지만, 지방종무기관 종무원의 상당수는 4대 보험도 보장받지 못하는 열악한 환경에서 근무하고 있기 때문이다.

일선 사찰의 재가종무원은 여타의 직장인과는 매우 다른 환경에서 근무한다. 자연환경의 입장에서는 상당수의 사찰이 번잡한 도심이 아닌 산중에 있거나 한적한 곳에 위치한 관계로 친환경적 요소가 강하다. 물론 자연환경 역시 근무환경에 있어서는 한 가지 선택 요인이 될 수 있다. 또한 직장상사가 주로 사회적으로 존경받는 지위에 있는 집단인 스님들이라는 점도 여타의 직장인과는 다른 근무환경이다. 이와 같은 요인들은 종무원의 근무환경에 있어서 장점이 된다. 그러나 일반적으로 직장인의 근무환경을 논의할 때는 급여, 복지후생, 신분보장, 인간관계 등 처우의 개선이 주요 쟁점이 된다.

우선, 인간의 기본적·일차적 욕구인 생리적·물질적 욕구를 충족시켜 주는데 필수 요건인 '급여'부터 살펴보기로 한다. 현재 일선 사찰의 재가종무원 급여는 대부분 비정규직의 급여 수준과 유사하거나 최저임금에 머무르는 수준이다. 종종 사찰에서는 재가종무원이 받는 급여와 스님이 받는 소임비를 동일선상에서 거론하기도 한다. 재가종무원의 급여를 스님의 소임비에 기준하여 지급하고자 하는 것이다. 그러나 재가종무원의 급여는 직장인이자 생활인으로서 받는 보수인 반면 스님이 받는 소임비는 출가자이자 수행자에 대한 보시금의 성격이 강하다. 이에 재가종무원의 급여는 일정 정도의 사회생활을 유지할 수 있는 수준의 급여가 지급되어야 한다.

'복지후생'은 기업이 주체가 되어 종업원과 그 가족을 대상으로 제공하는 각종의 복지시설과 제도를 포괄하는 간접적 보상의 개념이다. 연가, 월차, 출산휴가, 병가휴가 등의 휴가체계 구비와 보건, 교육, 휴양 등과 관련된 복지시설 제공 등이 이에 해당한다. 그런데 휴가체계와 복지시설보다 기초적인 복지후생은 국민연금, 건강보험, 고용보험, 산재보험 등 4대 보험의 보장이다. 4대 보험은 국가법령에 의한 강제성을 띠고 있어 근로자가 의무적으로 적용받아야 하는 사회보험제도이다. 요즘에는 체인점이나 대기업에서 아르바이트를 하더라도 4대 보험은 보장해주는 추세이지만 아쉽게도 재가종무원의 상당수는 4대 보험을 제공받지 못하고 있다. 4대 보험은 직장인의 생활 안정과 삶의 질을 향상시키기 위한 기본적인 복지후생제도이다. 4대 보험 미보장 직장은 사회적으로 불안정한 직장으로 인식되며, 직업적 선호도 역시 떨어질 수밖에 없다. 그러니만큼 사찰의 4대 보험 미보장은 재가종무원의 직업적 자긍심을 훼손하는 요인이자 자신의 직장에 대한 사회적 위축감을 유발하는 요인이 된다. 재가종무원이 불교신도로서 봉사직이 아닌 직업군이 되기 위해서는 여타의 직장인들은 기본적으로 제공받는 4대 보험이 필수적으로 보장되어야 한다.

'신분보장'은 종무원이 형의 선고나 징계처분 또는 그 밖의 법이 정한 사유와 절차에 의하지 않고는 면직이나 기타 신분상의 불이익 처분을 당하지 않도록 하는 법적인 보장을 의미한다. 그러나 일선 사찰의 재가종무원 신분은 제대로 보장되지 않는 것이 현실이다. 이는 임명과 해임 등 종무원의 주요 인사가 합리적 절차가 아니라 주지 스님의 자의(恣意)에 따라 이루어질 수 있는 근무환경에 기인하는 것으로 보인다.

인사행위 중에서도 고용주가 고용 계약을 해지하고 피고용자를 직장이나 일터에서 내보내는 해고(解雇)는 근로자뿐 아니라 그 가족의 생계와 직결되는 중대사이다. 그렇기 때문에 근로기준법 등 사회법은 해고의 자유를 폭넓게 제한할 뿐 아니라 그 남용을 방지하고 있다. 하지만 사찰에서의 종무원 해고는 보다 자유롭게 남용되고 있다. 주지 스님의 부임에 따른 기존 종무원의 해고는 다반사이다. 또한 주지 스님의 개인 뜻에 맞지 않거나 의견 충돌이 있을 때도 종무원의 해고는 어렵지 않게 이루어진다. 조계종의 〈종무원법〉은 종법이 정하는 징계사유에 해당하는 경우 이외에는 재가종무원의 정년을 보장하고 있으며, 그 정년은 65세로 하고 있다. 그러나 특정 종단을 막론하고 재가종무원의 정년은 대부분 제대로 보장되지 않고 있다.

일선 사찰에서 재가종무원이 신분을 제대로 보장받기 위해서는 우선, 고용 시에 근로조건을 명시한 근로계약서를 의무적으로 작성할 수 있어야 한다. 〈근로기준법〉은 근로계약을 체결할 때에 근로자에게 업무내용, 임금, 근로시간 등의 근로조건을 명시하도록 규정하고 있다. 또한 휴일, 연차 유급휴가 등의 근로조건도 명시하도록 되어 있다. 현재 근로계약서의 작성도 이루어지지 않는 불교계의 고용 관행에서는 근무조건을 명시한 근로계약서의 작성을 의무화하는 것이 부당한 대우와 해고로부터 재가종무원의 신분을 보장해줄 수 있는 최우선 과제이다.

급여, 복지후생, 신분보장과 더불어 '인간관계'는 근로자의 근무환경을 결정짓는 요인이다. 급여, 복지후생, 신분보장이 제도적 측면에서 근무환경을 조성하는 것이라면, 인간관계는 감정적 측면에서 근무환경을 조성하는 것이다. 직장은 사람들이 모여서 일을 하는 곳이기 때문에 상사와 부하 간 그리고 동료와 동료 간에 반감이나 호감이 존재할 수밖에 없다. 그리고 그 감정들은 종종 직장 내 갈등을 유발하게 되고, 그 갈등으로 인하여 사람들은 힘든 직장생활을 하기도 한다.

그런데 재가종무원들은 일반 직장인과는 달리 상사가 주로 스님이라는 남다른 직장 내 인간관계로 인하여 종종 어려운 상황을 겪고는 한다. 주지 스님 등 소임자 스님과 재가종무원 간에는 상사와 부하라는 직장 내 직급 서열 관계뿐 아니라 스님과 신도라는 종교 내 신분 관계도 함께 존재한다. 직장의 직급 서열도 녹록치 않은 관계이지만 종교 내 스님과 신도 간 신분 관계는 보다 더 견고한 질서로 유지되고 있다. 그렇기 때문에 재가종무원은 소임자 스님과의 관계에 있어서 불합리한 문제가 있더라도 참아야만 하는 입장에 놓이고는 한다. 그리고 이런 갈등이 해결할 수 없을 정도로 심화되면 결국 재가종무원이 사직을 하고 절을 떠나는 수밖에 없다.

이의 개선을 위해서는 소임자 스님의 재가종무원에 대한 인식과 태도의 전환이 절실하다. 소임자 스님과 재가종무원의 관계가 계급적 관계에 한정되는 것이 아니라 소임자 스님이 종교인·출가자·수행자로서 재가종무원을 보다 인간적으로 이해하고 포용해 줄 수 있어야 하는 것이다.

현재 재가종무원에게 제공되는 최저 임금 수준의 급여, 4대 보험도 제공 안 되는 복지후생, 고용불안에 시달리는 수준의 신분보장, 고착화된 계급적 인간관계 등은 사회적 근로환경으로는 매우 열악한 수준이다. 그렇기 때문에 이러한 처우로는 우수 재가종무원의 신규 고용은 고사하고 현 재직자들조차도 이직을 고민할 수밖에 없다. 하지만 일선 사찰 재가종무원의 처우가 쉽사리 바뀔 것 같지는 않다.

일선 사찰에서 재가종무원의 열악하고 부당한 처우 개선 요구는 속인(俗人)의 신심 부족에서 나오는 불만으로 치부되고는 한다. 재가종무원들은 기업체의 직원과는 달리 단결권 행사에 많은 제약을 받는데다 다른 직업으로의 이직도 어렵기 때문에 처우가 부당하더라도 온전히 감내할 수밖에 없는 처지이다.

주지하다시피 현재 한국불교종단들의 최대 난제는 출가자의 감소 문제이다. 그런데 출가자의 감소는 곧 재가종무원의 역할 확대로 이어질 수밖에 없다는 점을 간과해서는 안 된다. 사찰의 한정된 인력 속에서 출가자가 감소하면 재가종무원의 역할은 확대될 수밖에 없는 것이다. 더욱이 사찰이 신행 공간에 머무르지 않고 문화와 복지의 공간으로까지 기능이 확대되는 사회적 흐름 속에서 스님의 역량에만 의존하는 사찰운영은 사실상 불가능한 상황에 이르렀다. 즉 출가자의 감소 문제와 사찰의 사회적 기능 확대 문제는 우수한 재가종무원 양성이라는 과제와 맞물려 있는 것이다. 하지만 재가종무원의 열악한 처우에 대한 개선의 노력이 없이 우수한 종무행정역량을 갖춘 인재를 양성한다는 것은 불가능한 일이며, 이는 불자로서 긍지를 갖고 향후 재가종무원으로 봉직하고자 하는 사람들을 기만하는 행위가 될 수도 있다.

4. 템플스테이 전문인력이 발전 동력

스토리텔링 능력, 장기근무 경험 필수
전문교육 체제, 근무환경 개선 필요

일반인들에게 사찰의 생활은 생경할 수밖에 없다. 사찰에서 숙식하며 생활해보는 템플스테이(templestay)는 그런 벽을 허물어 버린 불교문화콘텐츠이다. 현재 템플스테이에는 사람들이 연령과 성별은 물론 종교를 떠나서 참여하고 있다. TV 예능프로그램의 단골메뉴이기도 하다. 템플스테이는 이제 불자가 아닌 사람에게도 거리감 없이 다가설 수 있는 불교문화상품이 되었다.

템플스테이는 본래 한국대표 관광상품으로 기획되었다. 2002년 월드컵 개최 시 방한 외국인들이 한국전통문화 체험상품의 일환으로 사찰에서 숙박하면서 불교문화를 경험하는 정부의 문화사업이었다. 그리고 그 사업주체로 대한불교조계종의 한국불교문화사업단이 지정되었던 것이다. 외국인 특히 서양인에게 있어서 사찰은 막연히 품고 있던 동양에 대한 신비로움을 충족시켜주는 공간이 된다. 서양인들에게 있어서 원색의 단청으로 채색된 목조 건축물은 동양의 아름다움을 만끽할 수 있는 특별한 장소인 것이다.

템플스테이는 어느덧 내국인들에게는 지친 삶 속의 휴식 공간으로, 외국인들에게는 동양문화의 체험 장소로 정착되었다. 그러나 템플스테이가 불교문화콘텐츠의 아이콘(icon)으로 지속성장하기 위해서는 그 동력인 템플스테이 운영인력에 주목해야한다. 템플스테이 운영인력이라고 하면 템플스테이 프로그램을 진행하는 지도법사 스님과 재가실무자를 손꼽을 수 있다. 템플스테이를 여타의 숙박시설과 다르게 특화시켜주는 것은 바로 프로그램이다. 템플스테이에 불교 고유의 정체성을 살린 프로그램이 없다면 템플스테이는 일반 숙박상품이 되어버린다. 그렇기 때문에 불교와 사찰의 종교적 특성을 잘 갖춘 대중성 있는 프로그램의 중요성은 더 이상 말할 필요도 없다. 하지만 아무리 우수한 프로그램이라고 하더라도 그 운영인력이 프로그램을 제대로 진행하지 못한다면 템플스테이 참가자의 만족도는 현저히 떨어질 수밖에 없다. 템플스테이 만족도는 재(再)참가율로 일정 부분 추정할 수 있는데, 현재 재참가자는 매우 적은 실정이다.

그렇다면 템플스테이 만족도를 좌우하는 운영인력은 어떠한 업무 역량을 갖출 수 있어야 하는가? 템플스테이 운영인력의 업무 역량에서 중요한 것은 템플스테이의 정체성과 특수성을 살려서 프로그램을 진행할 수 있는 전문성이다.

템플스테이 운영인력의 전문 역량 중 손꼽을 수 있는 것이 스토리텔링(storytelling) 능력이다. 템플스테이 운영인력은 제반 프로그램들에 대한 각각의 불교적 의미를 부여하고 설명하면서 진행할 수 있는 역량이 있어야 한다. 템플스테이의 보편적 프로그램인 '108배와 염주 만들기'를 예로 들어보자. 흔히 이 프로그램은 절을 한 번하고 염주 한 알을 실에 꿰는 방식으로 진행된다. 그런데 이 행위는 자칫 참가자에게 있어서 지겹고 힘든 단순 반복적 행위로 느껴질 수도 있다. 템플스테이 운영인력은 이 단순 반복 행위에 불교적 의미를 부여하여 종교적인 성스러운 행위로 전환시켜 줄 수 있어야 한다. 참가자들에게 그냥 108배를 시킬 것이 아니라 절 한 번마다 그리고 염주 한 알마다 기원이 담기는 종교적 행위가 될 수 있도록 이끌어주어야 한다.

마찬가지로 '사경(寫經)'에 있어서는 사경을 하는 경전의 요지를 알려주고, 글자 한 자 한 자를 그냥 베껴 쓰도록 하는 것이 아니라 그 행위가 기도의 의식이자 공덕의 방편임을 가르쳐주어서, 참가자들이 정성스럽고 경건하게 쓸 수 있도록 지도해주어야 한다. 만일 그런 의미의 부여 없이 단순하게 글자를 베껴 쓰거나 옮겨 쓰도록 시킨다면, 사경 역시 108배와 염주 만들기처럼 지겨운 행위로 여겨질 수밖에 없다. 더욱이 요즘 젊은이들은 손 글씨에 익숙하지 않은데다 대부분의 사경은 붓펜으로 쓰기 때문에 글자를 그냥 베껴 쓰는 것은 지겹고 하기 싫은 행위가 될 만하다.

108배, 염주 만들기, 사경보다 더 기본적인 템플스테이 프로그램이 사찰을 한 바퀴 순례하면서 전각과 불상, 석탑, 부도, 사물 등에 대한 의미와 역사 등을 안내하는 '사찰 투어'이다. 불자라고 할지라도 불상이 석가모니불인지 아미타불인지 아니면 미륵불인지, 보살이 문수보살인지 보현보살인지 아니면 관세음보살인지 대세지보살인지를 구분할 수 있는 사람이 많지는 않다. 그리고 사찰에 들어가면 처음에 접하는 일주문과 천왕문, 불이문 또는 해탈문의 차이를 아는 사람 역시 많지 않다. 그리고 적멸

보궁, 대웅전, 대적광전, 극락전, 약사전 등이 법당에 모시고 있는 주불(主佛)이 누구인지에 따라서 전각의 명칭이 정해졌다는 것을 알고 있는 사람도 또한 많지는 않다.

그렇기 때문에 수학여행이나 관광 시에 스치듯 사찰을 관람했던 사람들이 불상의 종류와 구별법을 알게 되고, 주불에 따른 전각의 이름을 알게 되고, 일주문과 천왕문 그리고 불이문의 의미와 차이를 알게 되는 것은 신선한 배움의 기회가 될 수 있다. 그동안은 그냥 스쳐지나가면서 보았던 각각의 전각과 불상들에 대하여 차이와 의미를 부여하면서 볼 수 있는 시각을 얻게 되는 것이다.

이와 같이 템플스테이 운영인력이 종교적인 의미와 상징을 담아서 프로그램을 진행하거나 사찰의 곳곳에 대한 역사와 불교 상식을 전달해 주는 것이 곧 템플스테이의 스토리텔링이다.

다음으로 템플스테이 전문인력 양성을 위해 고려할 사항은 장기근무자의 배출이다. 어떤 분야에 전문성을 갖기 위해서는 해당 분야의 업무를 숙지하고 체화하고 나아가 개발할 수 있는 정도의 근무 경험이 요구된다. 하지만 템플스테이 운영인력들의 근무기간은 대부분 그런 전문성을 확보할 수 없을 정도로 짧다. 지도법사 스님은 소임의 변경에 따라서 템플스테이 업무를 짧은 기간만 맡게 되고, 재가실무자는 여타의 직장과는 다른 근무환경 때문에 오랜 기간 근무를 하지 않는다.

필자가 템플스테이 주관기관인 한국불교문화사업단의 연구 의뢰에 의하여 조사한 바로는, 현재 템플스테이 운영인력의 상당수는 장기근무가 아니라 1~2년 근무 후 이직하는 현상을 보이고 있다. 당시 연구는 템플스테이 운영인력을 대상으로 한 전수조사로 이루어졌는데, 근무기간이 2

년 미만인 경우가 67.9%인 반면 3년 이상은 20.5%에 지나지 않았다. 템플스테이 운영인력이 장기 근무를 하지 않고 1~2년 근무 후 이직하고 있는 것이다. 더구나 6개월 미만 근무자가 31.3%로 가장 많았는데, 그만큼 템플스테이 프로그램에 대한 기초적 이해도 없는 운영인력이 존재하고 있음을 시사한다.

템플스테이 운영인력의 장기근무를 유도하기 위해서는 근무환경의 개선을 고려할 필요가 있다. 혹자는 사찰에서 근무한다고 하면 여유로운 차담과 인생을 관조하는 대화 등을 떠올릴 수도 있다. 그러나 사찰의 근무현장은 이런 상상과는 사뭇 다른 면들이 실재한다. 차담의 여유와 인생상담 등은 신도들 혹은 방문객들이 갖게 되는 시간이자 기회이지, 템플스테이 운영인력들은 여타의 직장과 마찬가지로 업무 준비와 진행으로 바쁜 일상을 보낼 수밖에 없다. 특히 종무원 간 인간관계도 일반 직장인들의 업무 관계와 별반 다르지 않음에 유의해야 한다. 사찰의 일은 대소사가 끊이지 않고 있기 때문에 종무원이 물리적·심리적으로 여유가 없는 경우가 많으며, 이로 인하여 종무원 간에도 갈등과 긴장의 관계가 형성되고는 한다.

그렇다면 템플스테이 전문인력은 어떻게 해야 양성할 수 있는가? 템플스테이 전문인력의 양성을 위해서는 '전문교육체제 수립'과 '근무환경 개선'에 대한 고민이 있어야 한다.

'전문교육체제 수립'은 불교의 사상과 교리, 역사에 기반한 템플스테이 프로그램을 기획하고 운영할 수 있는 능력을 갖출 수 있게끔 교육시키는 체제를 마련하는 것이다. 현재 템플스테이 운영인력을 대상으로 한 교육의 문제점으로는 단기집체 교육과 발령 후 사후 교육을 들 수 있다. 템플스테이 운영인력들은 사전 교육 후 발령을 받는 것이 아니라, 발령 후 사후 교육을 받는다. 그런데 중앙에서 집체 교육을 시키는 이 교육마저도 1박 2일의 연수 교육 수준이며, 교육 내용은 불교의 전통과 문화에 대한 교육보다는 홍보, 마케팅, 친절 교육 등이 주를 이룬다. 템플스테이의 전문성은 서비스도 필요하지만 불교의 전통과 문화가 보다 근원임을 고려할 때 아쉬운 대목이다.

템플스테이 운영사찰별로 운영인력을 채용하는 특성상 불가피하게 발령 후 사후 교육이 이루어지고 있지만, 향후에는 템플스테이 소임을 맡았더라도 업무에 앞서 중앙이 주관하는 템플스테이 전문인력 교육을 이수하게 한 후 현장에 배치되도록 하여야 한다. 그리고 교육의 실효를 위해서는 교육기간이 중요한데, 지도법사 스님의 경우에는 템플스테이 운영책임자로서의 역량을 담보할 수 있는 기간이 필요하다. 재가실무자의 경우는 불교의 문화와 사찰의 역사에 대한 전반적인 이해가 이루어질 수 있는 기간이 확보되어야 한다. 또한 지도법사 스님과 재가실무자 공히 프로그램에 대한 기획 능력과 운영 능력을 겸비할 수 있을 정도의 기간이 주어져야 할 것이다.

템플스테이 운영인력의 '근무환경 개선'은 장기근무와 불가분의 관계에 있다. 근무환경이 열악하다면 근로자는 단기간 근무 후 이직을 고민하기 때문이다. 템플스테이 운영인력의 근무환경으로는 보수체계, 근무조건, 신분보장, 복지제도 등 여러 가지가 있을 수 있지만 템플스테이 운영인력이 종교시설에서 근무하는 만큼 인간관계의 형성에 대한 배려가 있어야 한다. 이의 개선을 위해서는 중앙차원의 의사소통 교육과 고충처리제도 도입, 그리고 단위사찰 차원의 정기적 대화가 이루어져야 한다.

‘의사소통 교육’은 주지 스님, 지도법사 스님, 재가실무자 간 이해와 대화를 위하여 한국불교문화사업단이 교육을 실시하고, 이수한 사찰에 한하여 템플스테이 사찰을 지정하는 방안이다. ‘고충처리제도’는 한국불교문화사업단에 고충처리위원회를 설치하여 템플스테이 운영인력의 고충과 업무상 애로사항을 접수하고 해결책을 모색하는 방안이다. 이와 같은 중앙차원의 의사소통 교육과 고충처리 제도도 중요하지만, 인간관계는 현장에서 형성되는 만큼 근무지인 사찰에서의 ‘정기적 대화’가 보다 근본적인 인간관계 개선방안이다. 즉 템플스테이 운영사찰의 주지 스님은 지도법사 스님, 실무자, 그리고 사찰 내 다른 소임 종무원들 간 정기적인 대화의 장을 마련하여 상호간 이해를 도모하고 원활한 의사소통이 이루어지도록 해야 한다.

5. 새 신도 관리

낯섦 해소 관건
불교 이해와 사찰 적응 지원

수학여행 혹은 관광 이외에는 사찰을 한 번도 찾아본 적이 없는 사람이 있다고 가정해보자. 그런데 종교에 의존할 일이 있어서 혹은 누군가의 권유로 인하여 "오늘 절에 한번 나가서 어떤 곳인지 알아보자."라고 그가 결심하였다면, 이것을 쉬운 결정이라고 생각하는가? 절대 아니다. 그의 일생에서 가장 결정하기 어려운 일 가운데 하나일 수 있다. 만일 그가 기독교 신자라면 불자에게는 아무 일도 아닌 이 일이 세상에서 가장 어려운 경험을 해보려는 시도일 수 있다. 어떤 사찰에 다니던 불자가 이사를 비롯한 제반 사정으로 인하여 다른 사찰을 찾는 경우라도 역시 많은 고민을 하고 앞으로 다닐 사찰을 결정하게 된다. 이와 같이 누군가 사찰에 다니고자 마음먹는 것은 결코 쉬운 일이 아님에도 불구하고 정작 각 사찰에서는 새 신도를 맞이하는데 대한 고민과 준비가 많이 부족한 것 같다. 대부분의 사찰은 새 신도에 대해 무관심하다. 특히 기존 불자가 아닌 초심자는 혼자서 물어물어 법회시간을 알아내고, 법회장소를 찾아내고, 눈치로 주위 사람들을 따라서 법회의식을 치루고, 내용도 잘 모른 채 어려운 법문을 들어야만 한다. 때로는 주변사람들과 익숙하지 않은데서 오는 불편함에 대중공양도 하지 않고 집으로 가기도 한다. 그렇게 산문을 나서 집으로 가는 초심자의 마음속에는 불교에 대한 어려움과 사찰에 대한 어색함이 자리할 수밖에 없다. 그런 사람에게 다시 사찰을 찾아올 것을 기대하기란 어렵다. 다행히도 사찰을 다시 찾는다 하여도 이런 상황을 수차례 반복하여 주변의 기존 신도 중 누군가 말을 붙여주고 얼굴을 익히게 된 연후에야 비로소 사찰의 신도로서 자리잡아가게 된다. 이것이 사찰의 신도가 되기 위한 관습이 아닌 관습이 된듯하다.

지금까지의 기술에서 유추할 수 있듯이, 새 신도는 새로 특정 사찰의 신도가 된 사람으로 초심자일 수도 있고 다른 사찰의 기존 신도일 수도 있다. 초심자란 불교에 입문한 기간이 얼마 되지 않은 사람을 의미한다. 또한 다른 사찰의 기존 신도가 특정 사찰의 새 신도가 되는 것은 이사에 의하여 사찰을 옮기는 경우와 특정 사찰 및 스님에 대한 선호로 인해서 사찰을 옮기는 경우가 있을 수 있다. 사찰은 이들 모두를 사찰의 새로운 구성원으로 관리할 필요가 있다.

혹자는 '관리'라는 용어에서 거부감을 가질 수도 있다. 사찰에서 신도를 대하는 것은 기업에서 이윤을 위하여 고객을 대하는 행위, 조직에서 사람을 지휘·감독하는 행위, 혹은 시설이나 물건을 보존·개량하는 행위와는 다른 것이기 때문이다. 필자도 이러한 생각에 동의하며, 이에 본고의 신도 관리란 진정한 돌봄, 그리고 개인적 돌봄의 차원에서 이해하는 것이 필요하다. 대량으로 신도를 생산하기 위한 기계적 행위가 아니라 각 사찰이 손길과 땀방울 그리고 헌신을 기울여 불자로 키워내는 인간적 행위를 의미하는 것이라 하겠다.

그런데 새 신도 관리 방안에 대하여 알아보기 전에 그 목적을 우선 알아볼 필요가 있겠다. 새 신도를 위한 관리는 불교와 사찰에 대한 이해를 도와주고 사찰에 대한 적응을 지원하고자 하는 목적에서 이루어진다.

불교와 사찰에 대한 이해란 새 신도가 불교와 사찰에 대한 이해를 할 수 있도록 도와주는 것을 의미한다. 불자로서 활동하기 위해서는 불교교리와 불교사에 대한 이해가 선행되어야 하며, 사찰의 구성원으로서 활동하기 위해서는 사찰 역사와 사찰 예절을 알아야만 하기 때문이다. 불교교리와 불교사에 대한 이해는 기복불교(祈福佛敎)를 벗어나 수행불교(修行佛敎)를 하도록 도와 줄 것이며, 사찰 역사와 사찰 예절에 대한 이해는 사찰에 소속감을 가지고 활동하는 여법한 불자가 되도록 이끌어 줄 것이다.

사찰에 대한 적응 지원이란 새 신도가 사찰에서 소외감·거리감 없이 심리적 안정을 가질 수 있도록 지원해 주는 것을 의미한다. 초심자는 물론이고 다른 사찰에 다니던 신도라도 사찰을 바꾸어 참석하면 소외감과 거리감으로 인해 불안함을 느낄 수 있다. 특히 우리나라 사찰에서는 새 신도의 정착을 돕는 프로그램이 마련되어 있지 않는 경우가 많기 때문에 신규 신도는 법회 등 사찰 행사에 몇 번 참석하다가 심리적 불편함으로 인해 불자가 되기를 포기하곤 한다. 새 신도가 사찰에 정착하기 위해서는 사찰에 적응해야 하며 이를 위해서는 사찰이 신도 사이의 교류를 도모할 수 있도록 지원해야 한다.

이제 새 신도 관리의 구체적인 방안에 대하여 이야기 하도록 하자.

새 신도 관리 방안으로 신도 교육을 시행하는 것이 우선 필요하다. 우리나라 불교신도는 가족의 건강, 경제적 풍요 등을 부처님에게 기원하기 위한 기복을 위하여 사찰에 다니는 경우가 많다. 하지만 이러한 풍토는 자기가 수행을 하여 깨달음에 이르러 부처가 되고자 하는 불교와는 근본적으로 다르다. 특히 새 신도에 있어서 불교가 기복불교가 아닌 수행불교임을 교육하는 것은 그 사람의 평생 신행의 방향을 결정한다. 하지만 기복불교를 수행불교로 전환하기 위해서는 신도 교육이 이루어져야 한다. 일반적으로 신도 교육은 불교대학이 있어야 가능하다고 생각하는 경우가 많으나, 단위사찰에서 불교대학을 운영하는 것은 상당히 어려운 부분이 많다. 이에 사찰의 여건상 불교대학 운영이 어렵다면 법회에서 일정시간을 불교교리 공부에 배정하거나 불교교리 공부모임을 운영하는 방안을 모색할 필요가 있다.

하지만 불교교리 교육을 바로 실시하는 것은 새 신도에게 상당한 부담감을 주고 사찰을 나오기 싫어하게 하는 요인이 될 수도 있음에 유의해야 한다. 무엇보다 새 신도가 법회에 매번 참석하게 하는 것이 중요하다. 이를 위해서는 자연스러운 친교적 만남과 지속적인 애정을 통해 적응을 유도하는 것이 바람직하다. 사찰생활에 서툴기 마련인 새 신도는 우선 기존 신도들이 보여주는 인간적인 관심과 애정에 마음이 끌리고 이를 통해 적응하게 되기 때문이다. 이를 위한 방안이 새 신도 소개 및 신도모임 안내와 사찰활동 참여권장이다.

대부분의 사람은 새로운 모임에 참석하면 심리적 불편함과 거리감을 갖게 된다. 발심(發心)하여 사찰에 나온 새 신도도 안면이 있는 사람이 없거나 기존 신도와의 교류를 이끌어 주는 사람이 없다면 대중으로부터 소외되기 쉽다. 사찰에서의 소외감이 심해지면 새 신도는 더 이상 사찰에 나오지 않게 된다. 이를 해소하기 위해서는 법회 시간에 새 신도를 소개해 주는 시간을 정례화하거나 사찰의 신도모임에 참여할 수 있는 안내 등을 해야 한다. 사찰에서는 일반적으로 새 신도에게 먼저 말을 걸거나 신도모임을 안내해 주는 사람이 없기 때문에 새 신도는 기존 신도와 친분을 쌓거나 신도모임에 참석하기 위해서만도 적지 않은 노력을 해야 하는 상황이다.

또한 새 신도를 사찰 활동에 참여하게 함으로써 신행심을 제고하고 사찰에 대한 적응력을 높일 수 있다. 사찰에는 경전공부모임·수행단체·자원봉사단체·동호회 등 신도로 구성된 각종 모임이 있다. 신도모임은 주로 신행의 제고와 친목의 도모를 위해 구성된다. 새 신도는 다른 신도와 함께 수행함으로써 나태해지지 않을 수 있으며, 신도 간에 자연스럽게 교류가 형성되어 사찰에도 쉽게 적응할 수 있다.

인간은 사회적 동물이다. 인간은 혼자서는 살 수가 없으며 다른 사람과의 교류를 통해서만이 살아갈 수 있기 때문이다. 사람들은 수행을 위해 사찰을 다니기도 하기만 교류를 위해 사찰을 다니기도 한다. 사찰은 수행의 장소이자 교류의 장소이다. 사찰활동은 사찰을 수행의 장소이자 교류의 장소로 만들어주는 기능을 수행한다. 사찰활동은 불교의 수행과 사찰의 교류에 익숙하지 않은 새 신도를 정규신도가 되도록 이끌어 준다.

사찰은 새 신도와 좋은 관계를 맺을 때 성장한다. 사찰과 새 신도가 관계를 잘 맺지 못하면, 새 신도는 다음번에는 사찰에 나오지 않을 것이고, 기존 신도도 다른 사람을 사찰에 데려오는 일에 주저하게 될 것이다. 새 신도에게 두 번째 방문을 섣부르게 기대하지 말아야 한다. 대개 새 신도를 붙잡을 수 있는 기회는 단 한 번뿐이라고 생각해야 한다. 새 신도가 사찰을 다시 찾게 하기 위해서는 사찰이 그만큼 고민을 하여야 한다.

우선, 자발적으로 찾아온 새 신도에 대해 다시 생각해 보아야 한다. 새 신도가 겪게 되는 고충을 생각해보라. 새 신도에게 안내를 잘 하고 있는가? 기존 신도들은 새 신도를 편안하게 해주는가? 새 신도의 감정을 고려해주지 않으면, 초심자는 부처님의 가르침에 대한 배움을 시도하지도 않고 다음번에는 사찰에 오지 않을 것이다. 아니면 또 다른 사찰을 찾아 떠날 것이다.

다음으로, 새 신도와 더불어 기존 신도에 대해서도 생각해 보아야 한다. 기존 신도가 주변 사람들을 사찰로 데려오기를 원하는지를 생각해보라. 주변 사람들을 데려오는 일에 망설인다면 그 장애물은 무엇인가? 기존 신도가 주변 사람들을 데려 오는 일, 즉 포교에 대하여 아예 무관심하지는 않은가? 나아가 보다 적극적인 관점으로는, 사찰이 새 신도를 더 환영할 수 있는 방법은 무엇인가? 사찰이 지역사회와 잘 지내기 위해 할 수 있는 방법은 무엇인가? 다양한 수준에 있는 사람들이 모두 감동을 받을 수 있는 법회가 되려면 어떻게 해야 하는가? 등을 고민하여야 한다.

그리고는 보다 근본적으로, 사찰과 법회에 대한 가치를 고민하여야 한다. 사찰에 한 번 왔던 사람이 다시 오지 않는 것은 어딘가에 문제가 있다는 증거이다. 다시 오지 않는 데는 그만한 이유가 있을 것이다. 그런데 한 가지 분명한 이유는 '가치'이다.

그러면 그 가치란 무엇인가? 너무 거시적인 차원에서 의미를 파악하고자 하는 말이 아니다. 그보다는 사찰의 법회나 제반 요소를 통해 누군가의 인생을 변화시킨다는 의미로 하는 말이다. 사람들이 법회에 오지 않으려 하는 것은 법회보다 다른 일을 더 가치 있게 생각하기 때문이다. 법회 때면 집에 있는 것보다 법회를 봉행하는 것이 더 가치 있는 일이 되도록 만들어야 한다. 법회의 가치가 높아지면, 사찰에 가지 않고 그 시간에 집에 있으면 중요한 것을 놓치고 있다는 생각이 들도록 만들어야 한다.

신도가 법회를 보면서 자신의 삶이 변화되고 적용할 것이 많을수록, 그 법회를 더 가치 있게 생각할 것이다. 그 가치가 높아지면 높아질수록, 다시 사찰을 찾을 가능성은 높아진다. 새 신도가 사찰에 와서 불교가 가치 있다는 것을 깨닫지 못한다면, 그 사찰은 포교할 수 있는 기회를 놓치는 것이다. 그들이 다른 사찰에 가서라도 가치를 발견할 수 있도록 기도하는 수밖에 없다.

물론 가치는 기존 신도나 새 신도의 개인적인 문제일 수도 있다. 그러나 사찰이 창조하는 가치의 수준을 높일 때, 다른 곳에서 보다 사찰에서 더 귀중한 것을 깨닫는 사람들이 많아지는 것은 당연하다. 그러므로 사찰이 시간을 들여 그 일을 위해 노력하지 않으면서 사람들이 떠나거나 찾아오지 않음을 책망할 수는 없다.

이제 사찰은 사람들에게 줄 수 있는 가치에 대해 생각해보아야 한다. 새 신도 개개인이 더 가치 있는 경험을 할 수 있도록 사찰이 할 수 있는 일을 고민해보아야 한다. 사찰이 가치를 줄 수 있을 때, 새 신도는 다음번에도 사찰에 나올 것이고, 다른 이웃들도 데리고 올 것이다.

6. 자원봉사 보상은 심리적 만족이 최고

자원봉사 신도는 공짜 인력 아닌 사찰공동체의 구성원
신도의 자원봉사는 심리적 대가를 받아야 하는 일
자원봉사에서 가치와 만족을 느낄 수 있도록 해주어야

절은 일손이 많이 필요하다. 고요할 것 같기만 한 절이지만 그 안의 생활은 쉴 틈이 없다. 마당을 쓰는 작은 일부터 부처님 오신 날을 준비하는 큰 일까지 모두 사람의 손이 가지 않으면 되지 않는다. 스님들만으로 그 일들을 다 하는 것은 역부족이다. 신도들이 일을 해주어야만 절이 돌아가는 것이다. 그만큼 신도들의 울력과 봉사는 가치 있고 소중한 일이다.

절, 교회 같은 종교단체는 여타 조직과는 운영이 사뭇 다르다. 일반조직은 일에 상응하는 보수를 지급한다. 대가가 없으면 사람들은 일하지 않는다. 그러나 절에서는 신도들이 일을 했다고 하여 보수를 주지는 않는다. 신도들도 대가를 바라지 않는다. 그렇기 때문에 울력이자 봉사인 것이다.

그런데 신도들의 자원봉사는 정말 아무런 보수나 대가가 없어도 되는 일인가? 그렇지 않다. 신도들이 절에서 일을 하는 것은 분명 스스로 원한 봉사이자 공동체의 일을 다 같이 하는 울력이다. 그렇기 때문에 자칫 울력하고 봉사하는 신도를 무임금의 노동인력으로 여길 수도 있다. 그러나 신도의 울력과 봉사는 스스로 원한 일이지만 그렇다고 그들에게 아무것도 안 해주어도 된다는 것은 아니다. 그들은 공짜 인력이 아니며 그들의 일이 아무런 대가가 따르지 않아도 되는 것은 아니다.

신도의 자원봉사는 금전적이 아닌 심리적 대가를 받아야 하는 일이다. 신도가 자원봉사를 하였다면 절은 그들이 가치와 만족을 느낄 수 있게 해주어야 하는 것이다. 절에서 한 자신의 이타행이 가치 있음을 알게 하고, 스님의 좋은 법문을 들어 만족하게 해주어야 한다. 여타의 조직이 금전적 대가를 치른다면 절은 심리적 만족을 시켜주어야 하는 것이다.

그렇다면 절은 신도의 자원봉사에 대한 대가로써 심리적 만족을 어떻게 해주어야 하는가? 신도를 만족시키는 법문은 가장 이상적인 보상이다. 법문은 부처님의 가르침을 오늘날 다시금 일깨우는 말씀이다. 신도가 절을 찾는 이유는 삶의 고통과 그 본질을 깨달아 행복해지기 위함이다. 부처님의 가르침에 그 답이 있고, 부처님이 입멸한 오늘에는 스님의 법문을 통하여 그 답을 구할 수 있기에 절을 찾는 것이다. 법문은 신도가 절에서 반드시 구하여만 하고 구할 수 있도록 이루어져야 한다.

그런 법문이 되려면 스님은 어떻게 해야 하는가? 법문은 스님의 알음알이가 아닌 부처님의 가르침이어야 한다. 신도의 고민과 문제를 개인적 경험과 지식에 기반을 두고 이야기하는 것이라 부처님의 가르침에 근거하여 설해야 하는 것이다. 그러기 위해선 스님이 대중에게 설할 수 있을 만큼 부처님과 불교를 공부해야 한다. 그 공부에다가 신도의 이해를 돕기 위하여 스님 개인의 경험을 더해 법문을 해야 하는 것이다.

법문에 더하여 신도의 자원봉사를 인정해주는 방법도 좋은 보상이 된다. 인정은 신도가 자원봉사활동을 중단하지 않고 꾸준히 지속하도록 도와줄 수 있다. 인정은 신도들이 봉사에서 만족을 경험하고 그에 따라 봉사활동을 지속하도록 격려하고 자극할 수 있는 중요한 매개체의 역할을 한다. 신도의 자원봉사에 대한 인정 방법은 다양하다. 증서, 감사장, 시상, 표창, 대중공양, 절소식지 게재, 그리고 무엇보다 매일의 지지와 감사의 표현을 들 수 있다.

상(賞)은 잘한 일이나 우수한 성과를 칭찬해 주는 표적(表迹)이다. 상을 통해 노력과 성과를 인정받는 것이다. 주지 스님이 신도의 자원봉사활동에 대해 증서, 감사장 등을 표창하고 시상하는 것은 좋은 보상이 된다. 상뿐만 아니라 신도 대중이 자원봉사를 하느라 고생했을 때 다 같이 대중공양을 하는 것도 보상의 효과가 있다. 또한 절에서 소식지를 간행하고 있다면 자원봉사활동 내용을 게재해주는 것도 보상이 된다. 사람들은 좋은 일로 자신의 소식이 대중매체에 활자화되는 것을 기뻐하는 경향이 있기 때문이다. 사진과 더불어 소식을 전한다면 더 좋은 보상 효과를 가져다 줄 것이다. 이러한 이벤트(event) 성격의 보상도 중요하지만, 스님이 신도의 자원봉사를 지지하고 감사한 마음으로 칭찬하는 것은 일상에서 신도에게 보상해주는 방법이다. 아직까지는 표현에 어색한 스님들이 많기에 더욱 그 보상 효과는 크다고 할 수 있다. 하지만 이러한 인정에서 알고 있어야 할 것은 자원봉사 신도를 집단화가 아닌 개별화하여 의미 있는 인정을 해주는 것이 보다 효과적이라는 것이다. 사람들은 집단적으로 받는 인정보다는 개인적으로 받는 인정에 더 큰 의미를 부여하는 경향이 있기 때문이다.

신도에게 자원봉사가 만족하고 가치 있는 일이 되기 위해선 그에 대한 심리적 보상이 중요하지만, 보다 근본적으로는 절과 신도 양자가 그 봉사활동에 대해 공감할 수 있어야 한다. 절에 봉사할 수 있는 일이 있어야 하고 신도는 그 일을 가치 있는 일로 여겨야 한다. 자원봉사활동의 원조를 받는 절의 욕구와 자원봉사활동을 원하는 신도의 욕구가 서로 맞아야 하는 것이다. 절에 일이 있다고 하여 떠넘기듯이 신도에게 일방적으로 봉사활동을 시켜서는 안 된다. 그렇게 하면 그 일은 신도 스스로 원하는 자원봉사가 되지 못하며, 그렇기에 일에 대한 신도의 만족과 가치도 떨어질 수밖에 없게 된다. 그와 같이 만족과 가치를 느끼지 못하는 일은 오래 가지 못한다. 신도의 적성과 소질에 맞는 봉사활동을 부여하여 그들에게 불자로서 이타행의 실천 기회를 제공할 수 있도록 배려해야 하는 것이지, 신신(信心)을 내세워 신도에게 적합하지 않은 업무를 반강제적으로 강요해서는 안 되는 것이다.

이를 위해선 ① 자원봉사자 모집 시에 활동업무의 성격을 명확히 공지하고, ② 모집에 응한 신도가 어떤 욕구 및 동기를 가지고 있는가를 확인하고, ③ 이들에게 의미 있는 업무를 약속해야 한다.

신도에게 자원봉사업무를 부여할 때 그 업무가 힘들다는 느낌을 주게 되면 신도는 위축될 수 있고, 손쉬운 느낌을 주게 되면 신도는 흥미를 잃거나 안일한 자세로 활동에 임하게 될 수 있다. 그렇기 때문에 자원봉사 신도에게 업무의 성격을 정확히 알려주어야 한다.

신도의 자원봉사를 관리하는 사람은 이에 더하여 참여 동기, 기대하는 직무와 욕구, 기술과 잠재력 등을 사전에 파악한 다음 신도의 선호도에 맞게 업무를 부여하여야 한다. 하지만 자원봉사에 무조건 많은 신도를 동원하겠다는 생각을 가지게 되면 신도의 욕구와 능력 그리고 선호도에 상관없이 업무를 부여하게 되면서 신도의 공감도가 없어지게 되고 만족도도 떨어지게 된다.

또한 자원봉사 관리자는 자원봉사가 단지 절의 일을 무료로 해주는 것이 아니라 그 일이 의미 있는 활동이 될 것이라는 믿음을 신도들에게 주어야 한다. 신도들은 절의 일을 해준다는 것에서도 의미를 찾을 수 있지만, 거기에서 나아가 그 활동이 자신의 인격적 성장과 불교적 생활에 훌륭한 방편임을 인식하고 믿게 해주어야 한다. 이를 위해선 신도에게 자원봉사를 요청하기에 앞서 부처님의 생애와 불교의 교리에 의한 이타행의 가치 그리고 작복과 업의 의미에 대하여 우선 가르쳐 주어야 한다. 부처님의 삶이 온전히 무주상보시(無住相布施)였으며, 그것에 대한 현재적 실천이 자원봉사이며, 그 자원봉사가 복을 짓는 행위이며, 그 행위로 인하여 선업이 쌓여감을 알도록 해주어야 하는 것이다. 신도들이 이러한 인식을 할 수 있을 때 그들은 스스로 자신의 자원봉사에 대한 불교적 의미를 자각할 수 있다.

이상에서 자원봉사에 대한 신도의 심리적 만족과 보상에 대하여 거론하였다면 이제는 자원봉사의 실천에 필요한 조직화를 이야기하고자 한다. 상당수의 절들은 자원봉사를 위한 업무분장을 철저하게 준비하지 않은 상태에서 많은 수의 신도를 자원봉사자로 활용하는 데에만 관심을 갖는다. 하지만 이런 상태에서는 자원봉사 신도를 효과적으로 관리하기가 어렵게 된다. 사람이 많다고 일이 잘 되는 것은 아니다. 사람의 활용에 대한 계획이 없이 사람을 많이 모으기만 하다 보니 일하는 사람은 계속 일하고, 노는 사람은 계속 노는 상황이 비일비재(非一非再)하게 일어난다. 이런 문제를 피하기 위해 필요한 것이 자원봉사업무의 조직화이다.

자원봉사업무의 조직화는 절의 전체 자원봉사를 계획하고 관리하며 평가하는 총체적인 틀로써, 관리자가 자원봉사의 목표달성에 필요한 활동들을 분류하고 배정하는 것이다. 즉 자원봉사업무가 어떻게 수행될 것인가를 규정하는 것이다. 이것은 다른 말로 업무분장이라고 할 수 있다.

업무분장은 업무 내용과 방법을 구체화하여 절의 목표와 신도의 욕구를 연결하고 통합시켜주는 행위이다. 우수한 업무분장은 다음의 두 가지 사항을 포함하고 있어야 한다. 첫째, 자원봉사 신도를 활용하여 어떠한 일을 수행하려 하는지에 관한 사항이다. 둘째, 왜 이와 같은 일을 수행해야 하는지와 왜 정규직 종무원보다 자원봉사 신도에 의해 수행되어야 하는지에 관한 사항이다.

지금까지 절의 자원봉사 현장에서는 자원봉사 신도에 대한 구체적인 업무분장을 마련하지 않은 채로 사람을 보다 많이 모집하는 데에만 관심을 가져왔다. 그렇기 때문에 신도의 자원봉사에 대한 만족도와 지속도에 악영향을 끼쳐왔다. 그러므로 절은 자원봉사 신도를 모집하기 전에 명확한 자원봉사 업무분장을 먼저 마련하여야 한다.

절의 자원봉사는 더 이상 주먹구구식으로 이루어져서는 안 된다. 자원봉사에 앞서 절의 목표와 신도의 욕구가 공감되도록 하여야 한다. 그리고 신도가 자원봉사활동을 지속할 수 있도록 심리적 만족감을 줄 수 있는 인정과 보상의 방법을 마련해야 한다. 또한 자원봉사를 위한 사람을 모으는 데만 급급하지 말고 업무 내용과 방법을 명확히 하여 업무를 분장하여야 한다. 하지만 무엇보다 자원봉사 신도를 절의 예산을 절감할 수 있는 공짜 인력이 아닌 부처님의 연기사상에 입각하여 이타행을 실천하는 불자로 대하는 인식의 전환이 있어야 한다.

7. 사찰 갈등은 화쟁(和諍)으로 해소

화쟁은 사찰 화합 방안
말의 본래 부정확성 이해가 전제 조건
말하는 사람의 정확한 표현과 듣는 사람의 올바른 이해가 관건
아집의 타파와 부분적 타당성의 수용도 필요

사찰은 다양한 사람들이 함께 지내는 공간이다. 그러다보니 갈등도 다양하게 발생한다. 사회의 여러 갈등이 그러하듯이 사찰의 갈등도 말에서 비롯되는 경우가 많다. 누구에 대해 험담을 했거나, 누구를 흉보았거나, 무언가에 대해 거짓말을 했거나 하는 구업(口業)은 잘잘못이 분명하다. 이런 경우는 책임소재의 판단도 비교적 용이하고, 상대적으로 갈등해결의 시간도 짧다. 그러나 이익과 손해가 발생하거나, 쌍방의 의견이 각각 부분적으로 타당성이 있는 갈등은 상대적으로 옳고 그름을 가르기가 어렵고 해결에 오랜 시간이 걸린다.

불교에는 유명한 갈등해소법이 있다. 화쟁(和諍)이다. 그런데 혹자는 화쟁을 사회의 모든 갈등을 해소할 수 있는 만능으로 알고 있지만 불교의 방법이라고 해서 모든 문제를 해결해줄 수 있는 것은 아니다. 화쟁을 매개로 한 불교계의 갈등 해소 단체와 기구들이 있지만, 그들이 실제적인 사회와 종단의 갈등 해결에 있어서는 한계를 드러내는 것이 단적인 사례이다.

뭇사람들의 화쟁 만능 인식은 화쟁이라는 용어의 해석 오류 내지 화쟁이 주는 단순한 어감에 기인하는 경우가 적지 않다. 즉 화(和)와 쟁(諍)을 조합하여 "화쟁이 '분쟁'의 '화합'에 유효하다."고 막연히 인식하는 것이다. 그런데 이 경우 대부분의 사람들은 분쟁의 쟁(爭)과 화쟁의 쟁(諍)을 구분하지 못하고 사용한다. 전자의 쟁(爭)은 '다툴 쟁'으로 행위로 다툼을 의미하고, 후자의 쟁(諍)은 '간할 쟁'으로 말이나 글로 다툼을 의미한다. 쟁(爭)에는 투쟁(鬪爭)이 해당하고, 쟁(諍)에는 논쟁(論諍)이 해당한다.

본래 화쟁은 말로 인한 갈등, 즉 쟁론(諍論)을 해소하기 위한 방법이었다. 화쟁은 원효(元曉, 617-686)에 의하여 《십문화쟁론(十門和諍論)》에서 주창되었다. 《십문화쟁론》은 불교의 모든 이론을 모아서 열 가지(십문, 十門)로 분류하여 난구(難句)·이설(異說)에 대한 쟁론을 일심(一心)의 지향으로 조화·통일시킨 저술이다. 원효는 화쟁을 사회에서 발생하는 제반 분쟁(分爭)이 아니라 불교계 내에서 생기는 불교교리에 대한 여러 쟁론(諍論)을 총화(總和)하고자 사용한 것이다.

투쟁이 대부분 논쟁으로부터 야기됨을 통하여 쟁(爭)은 대부분 쟁(諍)으로부터 비롯됨을 알 수 있다. 그렇기 때문에 쟁론의 해소 방법인 화쟁은 말로 하는 쟁(諍)은 물론이고 행위로 하는 쟁(爭)의 해소에 있어서도 기본이 될 수 있다.

쟁론이든 투쟁이든 다툼 즉 갈등은 어떻게 비롯되는 것일까? 전술하였듯이 그것은 말에서 비롯된다. 갈등의 발생과 해소, 모두 대부분 말에 기인한다. 갈등은 말에 의하여 야기되지만 그 해소 역시 말에 의존하는 것이다. 그렇기 때문에 갈등을 알기 위해서는 말의 특성을 이해해야 한다.

사람이 말로 표현하는 것에는 한계가 있다. 말이 본래 부정확하기 때문이다. 무언가를 말로 완전하게 표현할 수 있는 경우는 많지 않다. 사람들은 제대로 표현하지 못해서, 뒤늦게 이렇게 말할 걸 저렇게 말할 걸 하고 아쉬워하고 후회를 한다. 원효는 그 원인을 명(名)과 의(義)의 불일치에서 찾았다. 이름[名]과 뜻[義]의 불일치를 쟁론적 갈등의 원인으로 제시한 것이다. 이름은 가리키는 것이고 뜻은 가리킴을 받는 대상이다. 그런데 이름과 뜻, 즉 가리키는 것과 가리킴을 받는 대상은 고정불변의 관계가 아니다. 왜냐하면 이름과 뜻의 관계는 말이 매개가 되어서 맺어지는데, 모든 말에는 불변의 본성이 없기 때문이다. 프랑스인들은 나비와 나방을 구별하지 않는다. 나비와 나방이라는 각각의 대상[뜻]은 있지만 각각을 지칭하는 이름은 별도로 없기에 나방도 나비도 모두 '빠삐용(papillon)'으로 부른다. 이와 같이 말은 대상과 이름을 불일치하게 전달한다. 말은 부정확한 것이다.

원효는 이것을 일컬어 "일체 언설은 가명(假名)이어서 실체가 없다."(諸言說唯是假名 故於實性不得不絶), "능연(能緣, 생각하는 마음 작용)이니 소연(所然, 마음 작용에 의해 포착된 대상)이니 하는 것이 다 본래 이름뿐이요, 자성(自性)이 없다."(能緣所緣 俱是本來但名無自)라고 하였다.

지금까지 화쟁을 이해하기 위하여 그 전제가 되는 말의 속성을 살펴보았다면, 이제부터는 화쟁의 방법에 대하여 알아보기로 하자.

그 첫 번째 방법은 언표(言表)의 본질 이해다. 이는 전술한 말의 부정확성과 맥을 같이 한다. 화쟁은 말로 나타나는 쟁론을 화해시키는 것이다.

그런데 쟁론은 일차적으로는 말에 대한 잘못된 이해에서 나온다. 보다 구체적으로 설명하면, 화쟁을 위해서는 말로 나타낸 바인 언표(言表)에 대한 정확한 이해가 선행되어야 한다.

말이 의사소통을 완전히 해주는 도구가 아님에도 불구하고 사람들은 말 자체에 집착하고는 한다. 이 때문에 말꼬리만 잡다가 정작 본질을 놓치기가 일쑤다. 말이 내포한 뜻을 살려서 이해하는 자세가 바람직하다. 서로가 그 속성이 부정확한 말에 집착하여 말꼬리를 잡는다면 상대방의 견해를 수용하기 어려운 상황이 초래되지만, 말을 새겨듣고 뜻을 살려서 이해한다면 상대방의 견해를 수용하기 쉬운 상황이 만들어지는 것이다. 이에 원효는 "말과 같이 취하면 모두 다 허용되지 않고, 뜻을 얻어 말하면 용납하지 못할 것이 없다."(如言而取 所說皆非 得意而談 所說皆是。)고 했다. 서로가 언어의 본질이나 한계를 모르고 사용한 말을 맹신함으로써 일어나는 공허한 논쟁을 경계해야 상대방의 본래 의도를 이해하고 수용하여 화쟁할 수 있음을 이야기하고 있는 것이다.

화쟁의 두 번째 방법은 말하는 사람[話者]의 정확한 표현과 듣는 사람[聽者]의 올바른 이해다. 견해를 말하는 사람은 말로 나타내고자 하는 바[言表]의 본질이 정확히 전달될 수 있도록 말을 하여야 하며, 견해를 듣는 사람은 말 자체의 부정확성을 인지하여 상대방이 말한 언표의 본질을 올바로 이해하여야 한다.

사람들은 흔히 자신이 표현하고자 하는 바를 시종일관 정확하게 인지하고 상대에게 말하는 것이 아니라 부정확한 단어를 무의식적으로 사용하여 말하고는 한다. 또한 사람들은 상대방의 말을 들을 때 화자의 말하고자 하는 바의 본질이 아니라 말 자체에 집착하여 말꼬리를 잡고는 한다. 그렇기 때문에 화쟁을 이루기 위해선, 화자의 입장에서는 각각 자신의 견해와 주장을 밝힘에 있어서 말로 나타내고자 하는 바의 본질을 정확히 표현하고, 청자의 입장에서는 상대방의 말 자체에 집착하지 말고 말이 내포한 뜻을 살려서 올바로 이해하여야 한다.

화쟁의 세 번째 방법은 아집(我執)의 타파와 부분적 타당성의 수용이다. 사람들이 쟁론에 빠지는 것은 아(我)와 아소(我所)에 집착하는 아집(我執) 때문에 야기된다. 이를 좀 더 해석하면, 아는 자아를 뜻하며 아소는 자기 소유를 뜻한다. 사람들은 각각의 자아와 자기 소유를 위하여 아집이 생겨나 작용하여 남을 욕하고 비방하는 쟁론을 하는 것이다.

쟁론은 자기의 주장만을 옳다하고 상대의 주장은 그르다고 하는 아집으로부터 발생한다. 그리고 이러한 아집에 의한 쟁론은 자기의 존엄성은 존중하고 상대방의 존엄성은 무시하는 상황을 초래하여 갈등을 유발한다. 그렇기 때문에 서로가 아집을 벗어나 상대의 주장과 존엄성을 인정하는 것이 화쟁의 지름길이라 할 수 있다.

어떤 사람은 자신이 옳고 상대방을 그르다 하고, 어떤 사람은 자신의 주장은 그러하나 상대방의 주장은 그러하지 못하다고 한다. 이렇게 되면 말이 한도 끝도 없게 된다. 상대를 부정하고 나만을 긍정하는 주장은 끝없는 쟁론만 이어갈 뿐 화합의 결론을 맺을 수는 없다. 이를 극복하기 위해서는 서로가 상대방의 주장이 갖는 부분적 타당성을 수용할 수 있어야 한다.

상호배타적 자기주장은 부분적 타당성을 붙들고 그 완전성만을 주장하는데서 비롯된다. 부분적 타당성에 안주하여 그것으로써 완결시키려는 태도는 다른 부분적 타당성을 놓치게 하거나 배척하게 만들어 상호간의 이해를 어렵게 만든다. 상호갈등에서 나타나는 견해의 배타적 주장은 흔히 무조건적·절대적·전면적 진술로써 독단적·독선적인 일종의 언어폭력에 해당한다. 그렇기 때문에 서로가 혹 놓쳐버린 상대방의 조건들을 포착하고 수용하여 자기 보완과 수정을 하여야 한다.

편협한 생각에 얽매여 일방적으로 한 면에 집착하거나 한 가지 입장만을 절대시하여 집착하는 사람들은 갈대 구멍으로 하늘을 보는 격이다. 이를 원효는 다음과 같이 빗대어 비판한다.

> 자기가 조금 들은 바 좁은 견해만을 내세워, 그 견해에 동조하면 좋다고 하고, 그 견해에 반대하면 잘못이라고 하는 사람이 있다. 그런 사람은 마치 갈대 구멍으로 하늘을 보는 것과 같아서, 그 구멍으로 하늘을 보지 않는 모든 사람들은 푸른 하늘을 보지 못하는 것이라고 하는데, 이를 적은 것을 믿어 많은 것을 비방하는 어리석음이라고 한다.
>
> 彼自少聞 專其狹見 同其見者 乃爲是得 異其見者 咸謂脫失。猶如有人 葦管窺天 謂諸不窺其管內者 皆是不見蒼天者矣 是謂恃小誹多遇也。

서로가 무조건 '당신의 주장이 잘못이야!'라고 비난하고, 그에 대해 역시 무조건 '아니, 나의 주장이 옳아!'라고 반박하는 것은 쟁론이다. 반면 '잘못이야라는 판단을 성립케 한 조건'을 밝히면서 비판하고, '잘못이야'라는 그 비판이 유효할 수 있는 조건을 이해하고 수용하면서 그 비판에 대응하는 것은 화쟁이다.

8. 불자답게 살자

스님도 신도도 불자답게 살자
부처님의 삶을 이해하자

한 교계신문이 신도들을 대상으로 '불자답게'라는 신행 캠페인을 활발하게 전개한 적이 있다. 불자답게 산다는 것은 궁극적으로는 부처님의 가르침, 즉 불법(佛法)을 지키고 살자는 의미이다. '불자답게' 캠페인은 그동안 한국의 불자들이 불교를 불교답게 신행하지 못했음을 되돌아보게 하였다. 더불어 불자답게 삶으로써 불자로서의 자긍심을 갖고자 하는 불자들의 의지를 확인해주었다.

그런데 한국불교에 있어서 불자는 흔히 스님과 구별되어 신도로 이해되기는 하지만 그 본래 뜻이 불제자이기에 불자답게 살아감에 있어서 스님들을 배제할 필요는 없다. 스님이든 신도든 모두 불자답게 살아야 하는 것이다. 스님은 출자가로서 불자답게 살아야 하며, 신도는 재가자로서 불자답게 살아야 한다.

일찍이 한국의 스님들은 부처님 법대로 즉 불자답게 살고자 노력하였다. 스님들이 부처님 법대로 산다는 것은 청정하게 계를 지키고 용맹하게 수행에 정진함을 의미한다. 용성과 만해 그리고 성철과 청담 등 당대의 선각승들은 각기 불교유신운동과 봉암사 결사, 그리고 불교정화운동을 통하여 한국승가의 비승비속한 세간적 삶을 타파하고 지계청정(持戒淸淨)하고 용맹정진(勇猛精進)하는 수행자로서 살고자 하였다.

그러나 선각승들의 불자답게 살기운동은 매번 승가의 현실 상황에 부딪히면서 여법하게 마무리되지 못하였다. 아마도 오늘날, 사회적·교단적 물의를 빚는 스님들의 여러 범계 행위와 그로 인한 사회의 걱정과 불신은 부처님 법대로 살고자 했던 결사들이 미완에 그친 후유증이 아닌가 싶다. 이제, 스님으로서 불자답게 살기 위한 승가의 결사가 다시금 이루어져야 한다.

재가신도의 불자답게 살기는 출가승려와 다를 수밖에 없다. 그런데 현시점에서 재가신도가 불자답게 살기 위한 방안을 강구하기 위해서는, 오늘날 한국불교의 신도들이 불자답게 살지 못해온 근본 이유인 기복행위를 우선 알아야만 한다. 불교는 본래 자기가 스스로 닦아 붓다가 되는 자력신앙이다. 그런데 기복행위는 스스로 붓다가 되고자 하는 것이 아니라 부처님을 신으로 상정하고 복 받기를 비는 타력행위다. 오로지 자신의 복만을 구하는 신도에게 있어서는 부처님의 삶도 그 가르침도 알 필요가 없다. 그러나 부처님의 삶과 가르침을 모르는 사람들을 어떻게 불자라고 할 수 있으며, 또한 그들이 어떻게 불자답게 살 수 있겠는가?

재가신도들이 불자답게 살기 위해서는 왜 부처님이 범부들은 그토록 갖고 싶어 하는 왕자의 지위와 부와 명예를 버리고 출가하였는가를 인식하여야 한다. 또한 깨달은 이후에도 입멸에 이르는 순간까지 왜 직접 전법과 교화의 길을 걸었는가를 이해하여야 한다. 부처님의 출가는 고(苦)로부터 벗어나기 위함이었으며, 부처님의 전법은 고로부터 벗어나게 하기 위함이었다. 부처님의 삶과 가르침을 이해하는 과정 속에서 중생들은 그토록 갈구하는 부와 명예가 오히려 자신들을 고해(苦海)로 빠져들게 하는 원인임을 자각할 수 있어야 한다. 재가신도들이 부와 명예를 구하는 행위가 스스로 고통을 얻고자 하는 어리석은 행위임을 깨닫게 된다면 그들은 스스로 기복을 벗어날 수 있을 것이다. 부와 명예를 고의 원인으로 자각한 부처님에게 부와 명예를 구하는 행위는 모순이다. 자비하신 부처님께서 어찌 중생에게 고(苦)를 주시겠는가!

03

사찰경영, 부처님 법대로 하면 잘된다

포교의 법

중생교화

1. 포교는 전도부촉의 실천

포교는 불교교단의 생명
포교를 안 하면 불교는 어떻게 될까

우리는 지하철, 거리, 역 대합실 등 사람이 많이 모이는 장소에서 공공질서나 공중예절을 전혀 지키지 않으면서 매우 시끄럽게 전도하는 기독교 전도자들을 흔히 볼 수 있다. 이들은 대부분 다른 사람들의 입장과 생각은 전혀 고려하지도 알려고도 하지 않은 채, 오로지 "예수천국, 불신지옥"만을 큰소리로 외치고 다닐 뿐이다. 필자는 특히 지하철에서 이런 상황을 종종 접하고는 하는데, "도대체 기독교 전도자들은 어떤 특권을 갖고 있기에 저렇게 안하무인과 막무가내로 활동할까?"라고 생각하고는 한다.

그런데 필자가 이러한 생각을 하고 있는 이면에는 불교계가 포교를 하지 않는 것에 대한 반성어린 생각도 더불어 공존한다. 물론 기독교의 무례한 전도를 본받아야할 행위라고는 할 수 없으나, 포교에 지나치게 소극적인 불교의 현실로 인하여 이와 같이 모순된 생각을 하는 것이다. 필자는 불자가 포교에 적극적으로 임하지 않는 것은 부처님께서 부촉(咐囑) 하신 전도를 등한시하는 것이라고 생각한다.

> 제자들아! 자, 이제 길을 떠나거라.
>
> 많은 사람들의 이익과 행복을 위하여, 세상을 불쌍히 여기고, 인천(人天)의 이익과 행복과 안락을 위하여. 그리고 두 사람이 한 길을 가지 말라.
>
> 제자들이여! 처음도 좋고 중간도 좋고 끝도 좋으며, 조리와 표현을 갖춘 법[진리·가르침]을 전하라. 또한 원만 무결하고 청정한 범행(梵行)을 설하라. 사람들 중에는 마음의 더러움이 적은 이도 있거니와 법을 듣지 못한다면 그들도 악에 떨어지고 말리라. 들으면 법을 깨달을 것이 아닌가?
>
> 제자들아! 나도 또한 법을 설하기 위하여 우루벨라의 세나니가마로 가리라.
>
> 《잡아함경》 권39, 〈승삭경(繩索經)〉(〈대정장〉 2, p.288b)

이것이 유명한 전도부촉으로 부처님께서 다섯 비구에게 최초의 포교인 초전법륜을 설하신 후 제자가 60명에 이르렀을 때 제자들에게 포교를 분부하고 부탁하신[부촉(咐囑)] 것이다.

물론 부처님이 전도를 부촉하심이 기독교에서 하듯이 "예수천국, 불신지옥"을 부르짖는 저급한 행위를 촉구하지 않는다는 것은 의심할 바 없다. 부처님이 말씀하신 전도는 당연히 무례하지 않은 여법(如法)한 포교이다. 그런데 우리가 포교를 여법하게 하기 위해서는 우선 그 의미와 목적을 올바르게 이해하여야만 한다.

그러면 포교란 무엇인가, 즉 포교의 의미를 먼저 알아보도록 하자. 그 의미는 불교 최초의 포교 행위인 부처님의 초전법륜(初轉法輪)으로부터 찾는 것이 합당하다. 초전법륜이란 부처님께서 성도 직후 녹야원에서 교진여 등 다섯 비구에게 자신이 깨달은 바를 처음으로 설법한 일을 의미한다. 부처님은 깨달음을 얻고 나서 그 내용을 다른 사람에게 설교하길 주저하였다. 그 이유는 자신이 깨달은 진리가 너무 심오하고 난해하여 일반 사람들로서는 이해하기가 힘들 것이라는 염려 때문이었다. 이에 부처님은 이 진리를 누구에게 설할 것인가를 생각한 끝에 처음 출가했을 때의 스승이었던 카라마와 라마푸트라를 떠올렸으나 이미 죽은 뒤였다. 그래서 함께 고행했던 다섯 사람을 생각해 내고 그들이 있는 녹야원으로 찾아가 첫 설법을 행하였다.

"고행과 쾌락의 두 극단을 버리고 중도를 깨달았다." 《전법륜경(轉法輪經)》에 의하면 부처님의 첫 설법은 이렇게 시작됐다. 중도에 이어 해탈에 이르는 네 가지 진리인 사성제와 괴로움을 소멸하는 여덟 가지 수행방법인 팔정도가 설해졌다. 부처님이 이와 같이 처음으로 법륜을 굴리자 땅의 신들이 "부처님께서 녹야원에서 가장 훌륭한 법륜을 굴리셨다. 이것은 사문·바라문·천신·악마·범천 등 세상의 어떤 누구도 굴리지 못한 것이다."라고 소리쳤다. 이것이 부처님이 녹야원에서 최초로 설한 가르침의 상황이다.

이로부터 부처님의 포교 생활은 45년 동안 지속되었고 그동안 아난다 등 10대 제자를 비롯한 수천의 비구·비구니와 빔비사라 등 여러 국왕과 그 밖에 무수한 선남선녀들이 불제자가 되어 인류역사상 중요한 대종교로서의 초석을 놓을 수 있었다.

초전법륜(初轉法輪)에서 보듯이 흔히 부처님의 가르침을 법륜(法輪)에 비유한다. 법륜이란 진리의 수레바퀴라는 뜻이며, 전법륜(轉法輪)이란 옛적 인도에서 전투할 때 쓰던 전차(戰車)의 바퀴가 굴러가서 적을 무찌르듯이 법을 설해 인간 고뇌의 원인인 번뇌를 쳐부순다는 뜻이다. 만약 부처님이 법륜을 굴리지 않았다면, 세상은 여전히 칠흑 같은 무명에 싸여 휘청거리고 있을 것이다. 아직도 탐욕·성냄·어리석음이 중생계에 가득하지만, 그래도 중도, 사성제, 그리고 팔정도에 의해 광명에 도달하는 길이 열려 있기에 희망이 있다. 부처님이 법륜을 굴림으로써 중생이 구제되고 세계는 인간자존(人間自尊)의 새로운 단계에 진입할 수 있었다.

그렇다면 포교는 왜 하여야만 하는가, 즉 포교의 목적은 무엇인가? 포교란 부처님이 깨달으신 진리를 널리 편다는 것을 말한다. 이러한 포교를 함에 있어 그 목적을 명확히 인식해야만 올바른 포교가 이루어질 수 있다. 포교는 불교교단 유지라는 협의의 목적과 중생교화와 불국정토 구현이라는 광의의 목적을 아울러 갖는다.

의식주가 인간의 생명을 유지해 주는 기본이라면, 포교는 종교의 생명이라고 할 수 있다. 왜 포교를 하느냐 하는 질문보다도, 만약 포교를 안 하면 어떻게 될 것인가 하는 질문이 더 현실감을 주는 내용인 것 같다. 종교의 진리가 아무리 수승하다고 하더라도 포교를 하지 않아 신도를 확보하지 못한다면 그 종교는 쇠멸할 수밖에 없다. 여러 종교가 치열하게 경쟁하는 현대사회에서 불교도 적극적으로 포교를 하지 않으면 교단의 유지를 장담할 수는 없다.

불자가 부처님의 가르침에 확신을 가지고 이를 남에게 전달하는 포교는 부처님의 전도부촉에도 부합하는 행동이다. 하지만 우리가 단순히 불교의 교세를 확장하기 위해서만 포교를 한다면 부처님의 가르침을 천박한 세력다툼으로 전락시킬지도 모른다. 이에 포교는 불교교단 유지라는 협의의 목적과 아울러 전도부촉에 나타난 바와 같이 중생교화와 불국정토구현이라는 광의의 목적을 지녀야 한다.

우리는 부처님의 전도부촉에서 포교의 목적이 중생교화에 있음을 알 수 있다. "…제자들이여! 처음도 좋고 중간도 좋고 끝도 좋으며, 조리와 표현을 갖춘 법[진리·가르침]을 전하라. 또한 원만 무결하고 청정한 범행(梵行)을 설하라. 사람들 중에는 마음의 더러움이 적은 이도 있거니와 법을 듣지 못한다면 그들도 악에 떨어지고 말리라. 들으면 법을 깨달을 것이 아닌가?…" 더러움이 적은 사람도 설법을 듣지 않으면 타락할지도 모른다는 우려가 포함돼 있는 내용이다. 부처님은 사람들이 아직 타락하지 않았다 하더라도 아직 인연이 되지 않아 부처님 법을 못 만나서 곧 타락할 위험에 놓여 있기 때문에 부처님 법을 만날 수 있도록 중생교화를 위하여 전도를 부촉하고 있는 것이다. 그리고 중생을 교화함에 있어서는 서론과 본론과 결론을 갖춘 논리로 설할 것을 전제하고 있다. 사람을 설득하려면 논리가 정연해야 한다. 횡설수설해서는 상대를 교화 시킬 수 없다. 따라서 서론과 본론과 결론을 갖춘 논리를 갖출 수 있도록 하고 있는 것이다.

포교에 의한 불국정토구현의 명확한 제시도 "제자들아! 자, 이제 길을 떠나거라. 많은 사람들의 이익과 행복을 위하여, 세상을 불쌍히 여기고, 인천(人天)의 이익과 행복과 안락을 위하여…"라는 전도부촉의 구절을 통해서 알 수 있다. 모든 사람들의 이익과 행복과 안락을 위하여 전도할 것을 선언하고 있는 것이다. 인천이 이익 되고 행복하고 안락한 세상, 즉 불국정토의 구현을 위해 포교할 것을 선언하고 있다.

석가모니 부처님이 성도 후 45년 간 포교하신 모든 노력도 괴로움 속에 허덕이는 인간들에게 참되고 올바른 생활의 진리를 전달하여 모두가 괴로움에서 벗어나 극락의 생활을 누리는 불국정토를 구현하고자 함이었다. 그리고 부처님의 가르침을 듣고 진리를 깨달아서 그대로 생활할 수 있는 사람은 괴로움에서 벗어나 환희심을 누릴 수 있었다. 포교는 부처님이 깨달으신 진리를 무한대로 전도하여 모두가 괴로움을 면하고 환희심을 느끼는 불국정토를 이루고자 하는 행동이다.

결코 외형적인 교세확장이 포교의 궁극적 성공이라 할 수는 없다. 한 사람이라도 더 부처님의 가르침을 배우고 그 길을 따라 안심입명(安心立命) 하도록 중생을 교화하고, 그 힘이 이웃에 영향을 주고 그 영향이 하나의 흐름을 이루어 사회를 정화하고, 나아가 인류가 평화로운 불국정토를 이루는 것이 포교의 성공이다. 불국정토 구현이 포교의 핵심정신이며, 불국정토를 이루기 위해서 중생교화가 선행되어야 하며, 불국정토와 중생교화를 이루어가는 구체적인 과정에서 교세확장은 결과적으로 발생한다.

이와 같이 부처님은 불교교단의 유지와 중생의 교화와 불국정토의 구현을 위한 전도를 부촉하면서, "제자들아! 나도 또한 법을 설하기 위하여 우루벨라의 세나니가마로 가리라."라고 말씀을 끝맺고 있다. 부처님 자신도 스스로 전도에 나설 것을 선언하고 있는 것이다. 부처님은 제자들만 전도하게 하고 자신만 편안하게 지내지는 않았다. 45년 동안 길에서 길로, 마을에서 마을로 다니면서 끊임없이 법을 설하였고 또한 행동으로써 법을 실천하였다. 부처님은 가엽고 불쌍한 이들에게 한 명이라도 더 법을 전파하기 위하여 몸소 행동으로 보여준 가장 모범적인 포교사였다.

그런데 오늘의 우리 한국불교는 어떠한가? 사찰은 부처님 법을 전하기 위하여 중생에게 다가가지 않고 앉아서 그들이 오기만을 기다린다. 출가와 재가를 막론하고 포교를 하지 않는다. 부처님이 전도를 부촉하고 자신도 스스로 전도에 나설 것을 선언하셨음에도 불구하고 전도를 하지 않는다. 그렇기 때문에 오늘의 우리 불교는 부처님이 왜 전도를 부촉하시고 일생을 몸소 포교에 나셨는지를 다시금 상기하고 전도부촉의 실천인 포교에 적극적으로 나서야만 할 것이다.

하지만 그 포교는 부처님의 법에 여법해야만 한다. 부처님은 남에게 피해를 주지 않고 평화롭게 전도하였다. 포교 과정에서 박해를 한 적도 없고 마찰이 있었던 적도 없었다. 또 법을 펼치는 동안 전쟁과 같이 물리적이고 폭력적인 수단을 사용한 적도 없었다. 이런 정신은 부처님 당시부터 지금까지 계승해 내려오고 있는 훌륭하고 아름다운 전통이라 볼 수 있다.

왜 그렇게 하였을까. 그것은 전도가 다름 아닌 많은 사람들의 이익과 행복을 위한 행위이며, 조리와 표현을 갖춘 법을 전하는 행위이며, 원만무결하고 청정한 범행을 설하는 행위이기 때문이다. 그렇기 때문에 현대를 살아가는 우리 불자 역시 타종교인 혹은 비불자와 갈등과 불화를 유발하지 않는 여법한 방법으로 포교해야 한다.

2. 포교 목적, 교세 확장 아닌 중생고 해소

포교의 참뜻, 중생고 해소
양적 교세는 자칫 사상누각

포교를 걱정하는 목소리가 한국불교의 도처에서 들려온다. 한결같이 한국불교의 교세를 걱정한다. 불교의 교세가 약화되고 있으며 더욱 악화될 것이라는 우려이다. 오늘날 한국에서 기독교의 성장과 불자인구의 고령화를 고려하면 매우 일리 있는 고민이다. 하지만 포교의 목적을 교세의 확장이라고 생각하는 것은 온당하지 못하다. 흔히 사람들은 포교를 교세 확장 즉 신도 수를 늘리는 것으로 간주하고는 한다. 물론 신도가 줄어들면 종교조직도 쇠퇴하기 때문에 불교도 신도 수의 증가, 즉 교세 확장을 고민하여야 한다. 그러나 불교의 포교 목적을 교세의 확장이라고 단정해서는 안 된다. 신도 수가 늘어나는 교세의 확장은 포교에 의한 교화가 제대로 이루어졌을 때의 부수적 결과이지 포교의 목적 자체는 될 수 없다.

포교는 왜 하는 것인가? 우리는 이에 대한 해답을 부처님의 깨달음

이후의 삶에서 찾을 수 있다. 부처님은 왜 깨닫고 나서 그 깨달은 바를 중생들에게 굳이 알리고자 하였는가를 이해할 필요가 있는 것이다. 35세에 깨달은 부처님은 80세에 이르기까지 45년간을 한 번 본 적도 없는 사람들을 대상으로 매일같이 뜨거운 인도의 거리로 나섰다. 부처님은 아난다에게 힘든 당시 상황을 이렇게 전한다.

> 아난다여, 나는 지치고 나이 들었다. 나는 인생의 마지막 시기에 들었다. 나는 80세이다. 아난다여, 낡아버린 우마차가 가죽 끈으로 보강하지 않는다면 움직일 수 없는 것처럼 나의 신체는 도움 없이는 움직일 수가 없다.

중생들을 고로부터 벗어나게 하기 위하여 부서질 듯한 노구(老軀)를 이끌고 직접 포교를 행한 부처님의 그 간절한 자비심 속에서 포교의 목적을 찾을 수 있다. 몸조차 움직이기 어려운 상황에서도 부처님이 멈추지 않고 중생들을 찾아 포교의 길을 나선 것은 신도 수를 늘리고자 함도 커다란 사찰을 짓기 위함도 분명 아니었다. 그것은 오로지 중생들을 고에서 벗어나게 하고자 하는 자비심의 실천이었다. 생로병사의 고에서 벗어나지 못하는 중생들에게 자신이 깨달은 바를 전하여 스스로 고(苦)로부터 벗어날 수 있도록 하고자 함이었다.

포교는 스님과 신도가 부처님의 교법을 타인에게 전하는 것에서부터 시작된다. 그런데 한국기독교인들은 친구와 지인들에게 예수님과 성경에 대하여 일상에서 자연스럽게 이야기하지만 한국불자들은 부처님과 그 가르침을 주제로 이웃과 잘 대화하지는 않는다.

왜일까? 포교를 하기 위해서는 당연히 불교를 알아야 한다. 그러나 상당수의 한국불자들은 부처님에게 복을 구하는 기복에만 충실한 나머지 정작 불자로서 기본적으로 알아야 할 부처님의 생애나 기초적 교리조차도 모르는 경우가 많은 것 같다. 근래 사찰의 불교대학들이 운영되면서 불교를 공부하는 사람들이 늘어나기는 하였지만 적지 않은 불자들은 아직까지 불교의 기본적인 내용마저도 잘 알지 못한다.

불교의 기본적·근본적 내용을 알지도 못하고 알려고도 하지 않는 사람들을 진정한 불자라고 하기는 힘들다. 또한 부처님의 생애도 불교의 기본 교리도 모르는 사람들을 모으기만 하는 것은 참다운 포교가 아닌 사상누각(砂上樓閣)을 짓는 것과 다르지 않을 수 있다. 한국기독교의 괄목상대할만한 성장 속에서 불교의 교세 확장은 분명 간과할 수 없는 시대적 과제이지만 포교의 목적을 단순히 신도 수를 확보하는 교세 확장으로 인식해서는 곤란하다. 물론 신도뿐만 아니라 스님마저도 감소하는 한국불교의 현실에서 교세 확장은 신경 쓰일 수밖에 없는 대목이다. 그러나 오늘날 한국불교가 정체 내지 쇠퇴에 봉착한 주요 이유가 그동안 부처님의 법을 제대로 전하지 못하였기 때문은 아닌가 하는 근본적 의문을 가질 필요가 있다.

3. 지역포교 첩경은 지역친화

지역포교는 마을주민과의 관계맺음
사찰은 지역공동체의 일원
《지역연보통계》 활용, 지역친화 프로그램 운영, 지역 이슈 천착
사찰성장의 지역사회 회향

사찰의 소임을 사는 스님 특히 주지 스님은 포교에 대한 고민을 많이 한다. 물론 포교는 부처님 법을 중생에게 전함으로써 그들이 고(苦)로부터 벗어나도록 이끌어주는데 궁극의 의미가 있다. 그런데 한국스님들의 포교 고민은 이보다 훨씬 실재적이다. 탈종교시대, 다종교사회에서 불교와 사찰의 존립을 위하여 포교를 고민하고 있는 것이다.

종교도 성쇠(盛衰)와 부침(浮沈)을 겪는다. 수많은 종교들이 흥망성쇠를 거듭했다. 현재에도 새로운 종교는 계속 생겨나고 사라져간다. 한 때 천년만년 지속될 것 같이 위세를 크게 떨치던 종교도 역사 속으로 흔적도 없이 사라져 버리는 경우도 있다. 불교도 예외가 될 수는 없다. 불교의 발상지인 인도에서 조차도 불교가 쇠락했다는 것은 한국불교도 예외가 아님을 단적으로 반증한다. 불교인구에서 나아가 출가승려마저도 감소하고 있는 한국불교의 현실에서 불교유적만 있고 불교는 없는 인도의 현실은 결코 남의 일이 아니다.

불교의 성쇠와 부침은 한마디로 포교에 달려있다. 포교는 불교교단을 유지시키는 근본이기 때문이다. 불교교단을 유지하기 위해선 신도가 지속적으로 귀의하여야 하는데, 이러한 신도의 유입은 포교를 통해서 이루어진다. 만약 신도가 존재하지 않는다면 교단 자체도 유지될 수 없다. 그래서 포교는 불교를 유지시키는 근본이자 모든 불자의 사명이다.

그러하기에 부처님 재세 시에 전도부촉(傳道付囑)을 들은 수많은 제자들이 고난을 두려워하지 않고 포교에 헌신하였다. 설법제일 부루나 존자가 수로나국으로 포교를 떠나려 할 때 부처님께서 그곳의 백성들이 난폭하고 포악한 것을 걱정하시자 부루나 존자는 "설사 그들이 욕하고, 때리고, 죽인다 하여도 원망하지 않고 기쁘게 받아들이겠습니다."라고 말하였다. 이 대화는 중생을 고통으로 벗어나게 하겠다는 전법교화에 대한 의지의 표현이자 이를 통한 불교교단의 유지와 전승에 대한 신념의 표출이라고 할 수 있다.

한국불교가 쇠락의 길을 걷지 않기 위해서는 어떠해야 하는가? 그 대답은 부처님의 포교에서 찾아야 한다. 부처님은 지역사회 즉 마을주민들과의 관계맺음을 게을리 하지 않았다. 부처님과 제자들은 한 마을에 머물게 되면 주민들과의 상호작용을 유지하면서 공동체 의식을 공유했었다. 부처님과 제자들은 매일 아침 탁발을 통해 공양을 받았고 칠가식(七家食)을 지켰다. 칠가식이란 탁발을 시작한 첫 번째 집부터 시작해서 순차적으로 일곱 번째 집까지만 공양물을 받는 것이다.

칠가식을 함에 발우에 공양물이 먹을 만큼 차면 일곱 집을 다 돌지 않아도 탁발을 중단하였다. 물론 일곱 집을 돌았을 때 발우를 채우지 못했어도 그냥 돌아와야 했다. 그런데 부처님께서 일곱 집을 다 돌고도 발우를 채우지 못하신 날도 있다고 전해진다. 일곱 집을 돌기 전에 발우를 다 채운 상황이라면 마을주민들의 삶이 풍족함을, 만일 일곱 집을 다 돌고도 발우를 채우지 못한 상황이라면 부처님께 드릴 공양물마저도 없을 정도로 삶이 궁핍함을 알 수 있는 것이다. 칠가식의 탁발을 통해 부처님과 제자들은 마을주민들과 만났고, 그 만남을 통해 그들의 삶을 이해했던 것이다. 이러한 부처님과 제자들의 탁발은 단순히 음식물을 얻는 행위만이 아닌 지역사회의 삶을 이해하는 행위였던 것이다.

부처님과 제자들의 포교는 설법과 공양으로 이루어졌는데 그 자체가 지역사회와의 관계맺음이었다. 그들은 설법 그리고 탁발과 공양의 과정 속에서 지역주민들과 대화를 나누었다. 대화를 통해 부처님과 제자들은 마을주민들이 느끼는 희로애락을 확인할 수 있었으며, 그에 대한 불교의 가르침을 주었다. 경전에는 부처님의 비구 대중이 1,250인이라는 말이 자주 등장한다. 매일 아침 천 명 이상의 비구들이 지역사회의 주민들과 만나서 그들의 삶을 이해하고, 그들에게 가르침을 준다는 것은 어느 한 지역의 포교에 있어서 엄청난 효과를 가져왔을 것임에 분명하다.

이런 사실은 오늘날 한국불교에 시사점을 준다. 포교는 지역사회 주민들과의 상호작용과 공동체 의식을 이루지 않고는 불가능하다는 것이다. 부처님 재세 시의 포교는 전적으로 지역사회와의 친화를 통해 이루어졌던 것이다. 걸식을 하는 무리로서는 당연한 행위라고도 이해할 수 있다. 그렇다면 걸식을 하지 않는 한국승가는 어떻게 지역사회와 친화하면서 포교를 해야 하는가?

사찰이 지역사회와 친화하기 위해서는 지역의 대소사에 적극적으로 동참하여 공동체의 일원이 되어야 한다. 사찰이 지역사회의 문제 해결에 주인의식을 가지고 나서거나, 지역사회의 각종 행사에 동참하거나, 사찰의 행사를 지역사회의 행사로 승화시키는 일은 사찰이 지역사회와 공동체가 되는 지름길이다.

사찰이 지역사회와 친화하고 그 공동체의 일원이 되려면 지역사회와 더불어 성장하겠다는 의식을 가져야 한다. 천천히 그리고 꾸준히 지역사회에 회향하면서 성장하겠다는 마음가짐이 필요한 것이다. 사찰은 지역사회와 유리(遊離)되어서는 절대 성장할 수 없다. 사찰이 지역공동체의 일원이 된다는 것은 지역포교의 전제 조건이자 성공 조건이다.

사찰의 포교가 지역과 친화하기 위해서는 무엇보다 지역의 요구를 이해하고 대응할 수 있는 능력이 선행돼야 한다. 이를 위해 지금부터는 지역 요구의 파악 방법과 지역사회 프로그램에 대하여 이야기하고자 한다.

지역 요구를 파악한다는 것은 포교를 함에 있어서 지역의 현실과 특성 그리고 수요를 반영해야 한다는 것이다. 이는 기업의 시장조사와 같은 개념에 해당하며, 〈지역통계연보〉의 활용은 지역친화포교에 상당한 도움을 줄 수 있다. 현재 각 지방자치단체는 매년 해당 지역의 통계연보를 발간하고 있다. 도, 시, 군, 구 등 자치단체에서 발간하는 〈지역통계연보〉에는 그 지역의 다양한 정보가 수록되어 있다. 지역의 연혁과 토지, 기후에서부터 포교에 직접적인 도움이 되는 인구, 산업, 보건, 환경, 교육, 재정 등에 이르기까지 수많은 지역정보가 구비되어 있다. 이들 정보자료들을 면밀히 분석하면 지역의 상황과 현실을 파악할 수 있기 때문에 지역친화포교에 효과적이다.

예를 들어, 출산율이 낮은 반면 청년 인구의 유출이 높은 지역에서 어린이나 청소년을 대상으로 포교에 나선다면 중장년이나 노년층 포교에 비하여 그 효과가 미미할 수밖에 없다. 반대로 교육기관이 밀집한 지역에서는 청소년과 청년에 대한 포교에 힘을 쓰는 것이 보다 큰 효과를 얻을 수 있을 것이다. 그리고 지역의 인구가 갈수록 고령화되는 곳이라면 경로잔치, 독거노인돕기, 노인대학과 같이 노년층에 필요한 사업을 하는 것이 포교에 효과적이다. 이와 같이 〈지역통계연보〉를 활용하면 객관적이고 과학적인 지역친화포교를 할 수 있다.

다음으로는 지역사회에 이바지 하는 프로그램의 운영에 대하여 이야기하고자 한다. 지역의 특성과 요구를 파악한 후에는 지역사회에 기여할 수 있는 다양한 프로그램을 운영하여야 한다. 대표적인 경우로는 사찰에서 사회복지관을 운영하는 것을 들 수 있지만 이러한 시설을 운영하지 않더라도 지역친화적인 프로그램의 운영을 통해서 지역사회에 기여할 수 있다. 현재 여러 사찰에서 운영하고 있는 실직자들을 위한 무료급식, 노인들을 위한 무료급식, 독거노인과 소년소녀 가장을 위한 도시락 배달, 경로잔치, 푸드 뱅크(food bank), 자활 센터, 장학금 지원 등이 그러한 프로그램들이다.

그런데 이러한 프로그램을 운영하는데 있어서 중요한 것이 전시적·일회적이어서는 안 되며 반드시 계획적·지속적이어야 한다는 것이다. 만일 지역친화 프로그램이 일회성의 전시적 행사에 그친다면 지역주민들은 그 사찰에 대하여 실망하고 오히려 포교에는 역효과가 생겨날 수 있다. 그러나 사찰이 계획적인 지역친화 프로그램을 지속적으로 펼친다면 지역주민들은 그 사찰을 신뢰하고, 나아가 불교에 대한 친밀도가 높아지면서 긍정적인 포교 효과를 얻을 수 있을 것이다.

그런데 이와 같이 지역 요구를 파악하고 그에 상응하는 포교 프로그램을 운영하고자 한다면 사찰이 지역의 이슈(issue)에 천착할 수 있어야 한다. 오늘날 한국사회에는 과거의 진보 대 보수, 자본주의 대 사회주의 등 계급과 이념 투쟁적인 사회운동이 아닌 인권, 경제, 통일, 환경, 소비자 보호 등 다양한 영역의 시민운동이 전개되고 있다. 그리고 지역사회에서는 환경운동과 생태운동 등 지역 현안에 대한 문제들이 지역공동체의 시각에서 다루어지고 있다. 이른바 NGO(non-government organization, 비정부기구) 또는 NPO(non-profit organization, 비영리단체)의 성격을 띤 시민사회조직의 활동이 활발하게 이루어지고 있는 현실에서 지역 사찰의 여러 스님들은 지역의 이슈에 적극적으로 동참하여 문제 해결에 대한 목소리를 내야 한다. 이를 위해서는 지역사회의 문제를 정리하고 그 대안을 내는 이른 바 이슈 매이킹(issue making) 또는 이슈 리딩(issue leading)으로 불리는 활동에 능동적으로 동참하여 지역사회의 현안을 해결하는데 앞장 서야 한다.

마지막으로 사찰이 지역과 공동체가 되고자 한다면, 사찰의 성장을 지역에 회향해야 한다는 점을 강조하고 싶다. 사찰이 자신의 성장만을 추구한다면 지역과 공동체를 이룰 수 없다. 사찰은 지역사회와 지역주민을 성장의 토대로 하고 있기에 그 성장을 지역과 공유할 수 있어야 한다. 사찰이 성장의 결실을 해당 지역과 공유하면, 지역주민과 지역사회의 사찰에 대한 선호도가 높아져 포교에 유익하게 되고 이를 통해 사찰이 성장할 수 있게 되는 선순환 구조를 이룰 수 있다.

4. 지역친화적 대중성이 문화포교 지름길

불교문화가 현재 살아있는 대중문화인지 고민해야
사찰행사에 지역주민 참여 유도
사찰의 지역축제 동참
사찰공간의 지역문화 공간화

불교문화가 곧 우리 전통문화라는 인식이 불교계에는 존재한다. 우리나라 국보와 보물의 상당수가 불교문화재임을 감안해보면 틀린 생각만은 아니다. 분명 한국불교는 전래 이후 1,700년의 역사 속에서 우리민족과 하나 되어 전통문화를 형성해왔다. 우리국민이면 종교를 떠나 수학여행 또는 관광·레저 차원에서라도 명승고찰 한두 곳쯤 안 가본 사람은 없을 것이다. 석굴암, 다보탑, 석가탑, 팔만대장경, 직지심경을 비롯한 불교문화유산을 모르는 국민도 없을 것이다.

분명 불교문화는 우리의 전통문화유산이다. 그런데 불교문화가 과연 오늘날 살아있는 대중문화인지에 대해서는 고민해보아야 한다. 다시 말해 전통문화유산으로써 박물관에 보존되어 있거나 절 마당에 놓여 있는 관람용은 아닌지 돌이켜 생각해보아야 하는 것이다. 불교문화는 전통문화로서만 존재해서는 안 되며 새로이 대중문화를 형성해야 한다. 그럴 때 불교문화는 생명력을 가지고 후세에 계승되는 것이다.

오늘의 현재문화가 곧 미래의 전통문화이다. 이는 불교문화가 전통문화라는 자부심에 그칠 것이 아니라 현재문화가 되도록 노력해야 함을 일러준다. 그렇다면 불교문화는 어떻게 하면 현재의 살아있는 문화로 만들어질 수 있는 것인가?

그 대답은 불교문화가 대중에게 친숙한 문화로 자리 잡아야 한다는 것이다. 일선 사찰의 입장에서는 지역 주민과 하나 되는 공동체 문화를 형성할 수 있어야 한다. 오늘날 불교가 대중에게 다가가고자 문화적 노력을 안 하는 것은 아니다. 그 노력은 전국 사찰에서 진행하고 있는 산사음악회가 대표적 사례이다.

산사음악회는 말 그대로하면 산사에서 음악회를 여는 것이다. 하지만 산사뿐만 아니라 상당수의 도심 사찰에서도 음악회를 개최한다. 종교를 떠나 지역 주민들이 가벼운 마음으로 사찰에 와서 음악을 즐기고 불교문화를 접하고 있는 것이다. 산사음악회라고 하여서 불교음악만을 하는 것이 아니라 불교적 색채가 약한 음악도 많이 공연한다. 그렇기 때문에 오히려 비불자인 지역 주민들이 불교에 대한 관심과 이해를 높이고 나아가 불교적 가치를 수용할 수 있는 계기가 되고 있다.

현재 산사음악회의 무대에 서는 공연자들은 불교음악가와 대중가수에 국한되지 않고 성악가, 악기 연주자, 국악인 등으로 다양하다. 이는 사찰이 대중의 요구를 적극적으로 이해하고 받아들이려는 사찰의 노력이라고 평가할 수 있다. 과거의 사찰행사가 기도형식의 의식 위주였음과 비교하여 본다면 산사음악회는 사찰행사가 지역축제로 진일보(進一步)한 것이다. 이는 산사음악회가 문화포교의 기능을 할 수 있음을 추정하게 해주는 대목이다.

하지만 개별 사찰의 특성이 없는 천편일률적인 산사음악회의 프로그램은 문제점으로 지적된다. 전국 어느 사찰의 산사음악회든 프로그램과 출연진이 대동소이(大同小異)하다. 개별 사찰의 특성을 살린 차별화가 이루어지지 않고 있다. 만일 어떤 사찰을 가나 비슷한 산사음악회를 만나게 된다면 대중의 관심과 호응은 이내 사라지고 말 것이다. 산사음악회에 대한 지역의 관심이 확산되지 못하고 있는 것도 사실이다. 이는 산사음악회가 사찰별 특성을 갖추어야 함을 시사한다.

전국 어느 사찰이나 약간의 차이는 존재하지만 자연과 전통을 머금은 공간 조건은 유사하다. 그 공간에 무엇을 담는가 하는 고민이 필요한데 그것이 사찰별 특성화이고 흔히 말하는 '행사 콘셉트(concept)'다.

산사음악회를 주최하는 측은 출연진 섭외에 많은 신경을 쓸 수밖에 없는 실정이다. 신도나 지역 주민들도 어느 가수가 오나, 누가 출연하나에 가장 많은 관심을 갖는다. 하지만 대부분 사찰의 입장에서는 출연료가 많이 드는 아이돌 스타와 같은 유명 연예인을 초청하기는 힘들다. 그러다 보니 과거에는 인기가 많았으나 현재는 선호도가 낮아진 연예인 그중에서도 불자로 한정하다보니 산사음악회에 나오는 출연진들의 면면이 사찰별로 겹치게 되었고, 산사음악회에 대한 대중의 관심과 호응이 점차 떨어지게 되었다.

만일 사찰이 재정적인 측면에서 부담을 느낀다면, 유명 연예인 초청에 집착할 필요가 없다. 오히려 지역의 주민들이 주인공으로 참여하는 산사음악회를 시도하는 것도 좋다. 지역 문화 예술인을 비롯하여 관내 학교의 동아리, 이웃 종교의 찬조 출연 등을 적극 유도해서 사찰이 단순히 불교인만의 공간이 아니라 열린 지역문화공간으로 자리 잡도록 하는 것이다. 이와 같이 산사음악회에 지역 주민들이 주체적으로 참여하도록 하면, 사찰의 지역사회 참여도 자연스럽게 강화될 수 있다.

산사음악회와 더불어 사찰이 지역축제에 동참하는 것도 지역친화적 문화포교를 할 수 있는 좋은 방법이다. 지역축제는 지방자치제 실시 이후 각 지방자치단체별로 경쟁적으로 개최하여 기하급수적으로 증가하고 있는데 전시행정의 표본, 졸속 기획, 지역민과 유리된 관(官)중심 행사라는 부정적인 면도 노정하고 있지만 주민자치, 지방화, 문화주권의식의 고양이라는 사회적 흐름에 맞추어 지속적으로 증가해왔다. 이러한 지역축제는 성격에 따라 여러 가지로 분류될 수 있는데 이중 '지역의 역사·문화 전통에서 비롯된 축제'와 '불교적 소재를 기반으로 하는 축제' 등은 불교에 우호적인 정서 함양과 불교의 대사회적인 이미지 제고, 지역문화의 중심처로 불교가 기능하는데 도움을 줄 수 있다.

사찰이 지역축제에 동참하는 방법은 크게 두 가지로 생각해볼 수 있다. 하나는 사찰이 기존의 지역축제에 불교적 콘텐츠를 가지고 참여하는 방법이다. 다른 하나는 사찰이 불교적 소재를 활용하여 지역축제를 만드는 방법이다. 전자는 행사 주최가 지방자치단체이고, 후자는 행사 주최가 사찰이 되는 것이다. 전자의 예로는 하동 '야생차 축제'와 진주 '남강 유등제', 화순 '운주문화축제' 등을 들 수 있으며, 후자의 예로는 해인사의 '팔만대장경축제'와 대흥사의 '초의차 문화제', 전등사의 '삼랑성 역사문화축제', 그리고 여러 사찰에서 하고 있는 '연꽃 축제' 등을 들 수 있다. 이와 같이 지역축제와 사찰이 결합할 수 있는 것은 불교가 한국의 전통종교인데다가 많은 문화 콘텐츠와 문화재를 보유하고 있어 지역축제의 프로그램 다양화에 기여할 수 있으며, 절 마당이라는 야외행사공간을 보유하고 있는 점 때문에 가능한 것으로 보인다. 이러한 사찰의 장점을 살려 사찰이 지역축제에 능동적으로 참여하는 것이 지역 내 불교에 대한 우호적인 정서 확산과 지역 내 중심적인 위치 확보에 있어서 매우 필요하다.

지금까지 사찰의 지역친화적 문화포교 방법으로 산사음악회와 지역축제 참여를 살펴보았다. 이 두 가지는 프로그램 차원의 문화포교이다. 이제 마지막으로 프로그램이 아닌 보다 하드웨어적인 사찰공간의 활용을 통한 문화포교를 고민하고자 한다. 사찰은 그 자체가 하나의 사회적 문화공간이고 우리 사회에 어디를 가나 찾을 수 있다. 이러한 사찰공간을 문화공간으로 활용한다면 사찰의 지역사회 참여에 도움이 될 수 있다. 이는 사회적 유휴자산을 활용함으로써 시민들에게 문화적인 콘텐츠를 공급할 수 있는 장을 제공하는 것이기도 하다.

사찰공간의 지역문화 공간화는 문화 불균형 해소와 소규모 문화 활동 육성에 도움을 줄 수 있다. 우리나라 지방문화 활성화에 있어 가장 큰 문제는 중앙과 지방과의 문화격차이다. 문화시설이 대부분 수도권과 대도시에 집중되어 있어서 지방주민들의 문화향유 여건은 매우 열악하다. 하지만 중소도시나 농촌지역에서 지역특성을 고려한 문화시설을 마련하기가 쉽지 않다. 따라서 중소도시나 농촌지역의 사찰공간을 활용한다면 문화 불균형 해소에 큰 기여를 할 것이다.

우리나라의 공공 문화공간은 규모가 큰 시설물들을 위주로 설립하였기 때문에 조그만 장소에서 해야 할 예술·문화 활동에 적합지가 않다. 이는 공연시설물이 없던 과거의 상황을 돌이켜보면 이해할 수는 있지만, 문화적 기호가 다양하고 동호인 모임이 많은 현재 상황에서는 소규모 지역 행사를 용이하게 할 수 있는 공간이 요구된다. 여기에 사찰공간이 유용하다. 최근 도시 지역에서는 전용의 성격을 갖춘 소규모 문화공간이 도처에 신설되고 있으나, 농어촌 지역에서는 소규모의 문화공간이 절대적으로 부족하다. 이에 사찰공간은 지역문화와 연결된 특장(特長) 문화의 공간으로 적격이다.

한국불교는 1,700년의 유구한 역사를 통해 우리민족의 전통문화를 형성해왔음에도 불구하고, 현대사회에 들어서는 불교문화를 생명력 있게 대중에게 전달하지 못해왔다. 과거의 불교문화가 전통으로는 계승되고 있으나 현재의 살아있는 불교문화를 창조하여 후대에 전달하는 노력은 부족했던 것이다. 이의 개선을 위해선 일선 사찰이 지역사회와 현재의 불교문화를 공유할 수 있어야 한다. 사찰이 문화포교를 해야 하는 것이다.

개신교는 이미 1984년 한국기독교협의회가 발표한 〈사회선교지침〉에서 지역사회 특성에 맞추어 목회의 모형을 모색하고 지역 주민의 생활에 깊은 관심을 갖고 지교회 차원의 문화선교 전략을 수립하여 왔다. 가톨릭 또한 1990년대 후반 이후부터 현재까지 각 교구별 시노드(synod) 회의를 개최하여 문화선교를 비롯한 종합적 지역사회 접근전략을 적극적으로 시행하고 있다. 그러나 불교는 몇몇 사찰의 문화포교 모범사례가 생겨나고는 있으나, 두 종교에 비하여 지역사회의 참여가 여전히 미약한 편이다.

불교는 여타의 종교에 비하여 문화포교에 장점이 많은 종교이다. 다만 불교문화를 관람용·보존용의 전통으로 가둬두지 말고 시민, 주민과 더불어 호흡하는 생명력 있는 대중문화로써 사회와 지역에 전달하는 노력만이 남아있는 것이다. 그리고 이를 위해선 개별 사찰의 역량이 부족한 부분이 많기 때문에 개신교와 가톨릭처럼 각 불교종단 차원에서 문화포교에 대한 전략을 수립하고 지원을 해야만 한다.

5. 어린이 포교는 한국불교의 사활 문제

어린이는 한국불교의 미래
어린이 법회, 지도교사, 어린이 프로그램 등 필요

절에 가면 신도의 대부분은 노인들이다. 중년이면 젊은 편이다. 노인 신도가 많다는 것이 어찌 문제가 될 수 있겠는가. 어떤 연령의 신도든 신도가 많은 것은 좋은 일이다. 문제는 젊은 신도, 특히 어린이 불자가 너무 적다는 것이다. 어떤 조직에서든 어린이는 그 미래다. 당연한 이야기지만 어린이가 자라서 결국 그 조직의 중추가 되기 때문이다.

한국사회의 종교시장은 불교, 개신교, 가톨릭의 과점 구조이다. 통계청의 자료에 의하면, 우리나라 종교인구 중 세 종교의 인구비율은 낮을 때는 95%에서 높을 때는 98% 이상이라고 한다. 우리사회가 다종교 사회임은 분명하지만, 종교를 가진 사람들의 절대 다수가 불교, 개신교, 가톨릭 중 하나를 믿고 있는 것이다. 종교는 포교를 두고 담합이 존재할 수 없기 때문에 자연스럽게 이들 세 종교, 특히 불교와 개신교는 경쟁 관계를 유지하여 왔다.

그런데 개신교 전래 이후 현재의 상황을 보면, 불교 인구는 지속적으로 줄어드는 반면에 개신교 인구는 세계에서 유례를 찾기 힘들 정도의 성장세를 유지해왔다. 지금은 개신교가 불교의 신도 수를 추월하여 우리사회에서 종교인구 1위가 된 상황이다. 어린이 불자가 줄어들고 있는 상황에서 이 간극은 줄어들기 보다는 더욱 벌어질 것으로 예상된다.

이렇게 된 데는 여러 이유가 있겠으나 어린이 포교의 부진도 간과할 수 없는 주요 요인이라고 생각한다. 교회는 주지하다시피 예전부터 주일학교, 성경학교, 방학캠프 등 어린이들이 즐기며 참여할 수 있는 프로그램과 행사를 꾸준히 지속해왔다. 예전 어린이들이 이제는 부모가 되어 자신의 자녀들을 교회로 보내고 있는 것이다. 이는 교회가 미래의 씨앗을 뿌린데 비하여 불교는 당장의 열매를 따는데 급급해서 불교 인구가 감소했다고 이해할 수 있는 대목이다.

어린이 포교는 당장의 지출은 발생하는데 비해 즉각적 수입이 생기지 않는다. 그렇기 때문에 사찰은 "아이들은 시끄러워서 기도에 방해가 된다."는 등의 이유를 들어서 어린이를 절에서 멀어지게 하였다. 그리고는 당장에 수입이 생기는 노인과 부모들만 절에 잡아두고자 하였다. 어린이 포교는 돈이 안 되는 일이라서 하지 않은 것이다.

그런데 오늘에 이르러 당시의 할아버지와 할머니들은 세상을 등지고, 당시의 아버지와 어머니들은 이제 노인이 되었다. 이 노인들이 오늘날 한국불교를 지탱하고 있는 것이다. 하지만 당시의 아이들은 이제 경제력이 있는 부모가 되었으나 절에 다니지 않으며, 그 영향을 받은 자녀들 역시도 절에 다니지 않는다. 그렇기 때문에 현재 불교 신도는 줄고 절 살림은 더욱 궁핍해지고 있는 것이다.

한국불교의 기사회생을 위해선 이제라도 어린이 포교에 사활을 걸어야 한다. 오늘의 투자가 내일의 결실인데 한국불교는 이를 간과해왔던 것이다. 그렇다면 어린이 포교는 어떻게 해야 하는가? 이에 대한 답을 구하기 전에 먼저 한국사회 종교시장에 대한 분석이 필요하다. 현대사회의 탈종교 현상이 심화되면서 우리사회의 종교 인구는 감소하고 있다. 그 이유로는 종교 자체에 대한 관심의 감소와 종교에 대한 불신과 실망 등이 손꼽힌다. 먹고 사는 경쟁에 지친 사람들에게 종교가 대안이나 위안이 되지 못하고 있는 것이다. 그런데 현실이 힘들면 힘들수록 종교에 대한 근원적 갈망이 커지는 것도 사실이다. 불확실한 미래, 그리고 삶과 죽음의 문제는 여전히 인간의 실존적 고민이기 때문이다.

이에 모 교수는 "전통적 종교는 쇠퇴하고 있지만 사람들의 종교적 관심은 사라지지 않고 있다. 종교는 인류의 지혜이자 역사적 자산이다. 보존과 성찰을 통해 거듭나야 한다."라고 진단한다. 인문학, 템플스테이, 명상 등 종교와 유관한 행위들이 대중들에게 각광받고 있는 것이 전통적 종교의 쇠퇴 속에서도 사람들의 종교적 관심이 사라지지 않고 있다는 반증이다. 이에 한 종교학자는 "근대 이후 한국종교가 마치 사회와 분리되는 폐쇄공간인 것처럼 집단의 양적 팽창에만 집중하고 있다. 개인의 영적 욕구를 받아들이는 방식을 모색할 때이다."라고 주장한다.

정리하면, 종교인의 비율은 줄었으나 종교심은 여전하다. 현실이 분주해서, 종교가 믿음을 주지 못해 종교를 떠나 있지만 종교를 향한 인간의 근원적 심정은 변함없는 것이다. 따라서 종교는 인간이 지니고 있는 이러한 깊은 본성과 욕구를 헤아려 충족시켜줄 수 있어야 한다. 각박한 현실에 지친 사람들에게 다정다감한 이웃으로, 언제나 인간을 품어주는 너그러운 큰 산처럼 그렇게 존재하고 다가가야 한다. 그래서 세상의 풍파에 찌든 인간들이 편안하게 기대어 쉴 수 있는 안식처이자 귀의처가 되어야 한다.

인간이 본성적으로 갈구하는 다정함과 너그러움이 아니라 이익이 되면 품고 그렇지 못하면 내치는 종교가 어찌 포교에 성공할 수 있겠는가. 한국불교는 이런 입장을 어린이 포교에 대입할 수 있어야 미래를 담보할 수 있다. 사찰에 당장의 이익이 되지 않는다하여 어린이 포교를 피해서는 안 된다는 의미이다.

우리사회 종교시장에 대하여 이해를 했으므로 지금부터는 보다 구체적으로 어린이 포교의 실천 방안을 모색해보기로 하자. 우선 생각할 수 있는 방법이 어린이 법회다. 법회는 부처님을 예경하며 부처님 법을 배우는 시간임에도 불구하고 어린이를 대상으로 법회를 하는 사찰을 주변에서 찾기란 쉽지 않다. 어떤 종교의 신도가 된다는 것은 그 종교의 의식에 동참하는 것이 전제가 된다. 그렇기 때문에 법회에 참석해야 진정한 불자라고 할 수 있다. 어린이 법회는 아이들이 걷는 불교 신도로서의 첫걸음이다. 이 첫걸음을 통하여 사찰과 스님에 대한 거리감이 해소되고 불교에 대한 친밀감이 생기는 것이다. 그리고 법회에 정기적으로 참석함으로써 소속감을 느끼고 사찰과 하나된 불자가 되는 것이다.

어린이 법회가 필요한 또 다른 이유는 아이들의 시각에서 어른들을 대상으로 하는 일반 법회는 지루할 수밖에 없다는 것이다. 법회의 핵심인 법문이 아이들의 눈높이에 맞지 않는다. 인생에 대한 법문의 내용도, 무상이니 공이니 연기니 하는 용어도 아이들에게는 도통 와 닿지 않는다. 아이들이 공감하고 이해할 수 있는 법회가 별도로 필요한 것이다.

어린이 법회가 열린다면 아이들을 편안하게 이끌어 줄 수 있는 지도교사가 있어야 한다. 물론 스님이 어린이 법회의 지도교사가 되어준다면 가장 이상적이다. 하지만 스님이 아이들을 직접 지도해주기 어려운 상황이라면 종립대학의 불교 전공 학생 또는 대학생불교연합회 학생을 활용하는 것이 좋다. 이들은 여타의 불자에 비하여 불교 전공 지식이 풍부하고 신심도 갖추었기 때문이다.

어린이 법회, 지도교사와 더불어 필요한 것이 어린이 프로그램이다. 법회를 아이들 눈높이에 맞추는 것도 중요하지만 아이들이 법회 말고도 관심을 갖고 즐겁게 참여할 수 있는 활동들이 있어야 한다. 방과 후 활동과 각종 캠프 등을 프로그램으로 고려할 수 있다. 방과 후 활동과 캠프는 학교의 정규수업 이후 학생들이 인성개발을 도모할 수 있는 제반 활동을 의미한다. 다만 방과 후 활동은 장기적, 상시적인데 비하여 캠프는 단기적, 임시적이다. 하지만 양자 모두 수업이 아닌 체험과 놀이에 기반한 인성교육이 되어야 한다. 방과 후 활동과 캠프의 운영을 위해서는 콘텐츠가 필요한데, 사찰의 장점과 아이들의 호기심이 조화를 이룰 수 있는 활동이 효과적이다.

명상은 그 누가 생각하더라도 사찰 친화적인 콘텐츠이다. 다만 명상은 자칫 아이들이 지루해할 수 있기 때문에 기존의 정적(靜的)인 참선 수행보다는 정중동(靜中動)할 수 있는 '숲길걷기 명상'과 '명상 체조', 그리고 허공을 응시하는 것이 아닌 대상이 있는 '만다라 명상'과 '별빛 명상' 등이 좋다. 명상과 더불어 사찰의 또 다른 장점은 자연 친화다. 농촌 체험, 염색체험, 숲 체험, 별자리 탐방, 생태과학관 탐방 등 자연을 탐방하고 체험할 수 있는 콘텐츠가 좋다. 이외에 풍물, 도예, 운동 등도 사찰의 장점을 살려서 아이들의 호기심을 이끌 수 있다. 실제로도 이 콘텐츠들은 사찰에서 아이들의 호응이 높은 편이다. 어떤 콘텐츠가 되었든 학교와 학원의 연장이 아닌 수업으로부터의 탈출이 되어야 한다.

어린이는 한국불교의 미래다. 그리고 불교신도의 감소와 출가승려의 감소는 현재 한국불교의 최대 과제이다. 불자가 줄고 스님이 줄어드는데 어찌 불교가 존속할 수 있겠는가. 이 문제는 하루 이틀 만에 해결할 수 없다. 당장에 불교에 귀의하는 사람들이 늘어날 리도 없고, 스님이 되겠다고 출가하는 사람들이 급증할 리도 없다. 한국불교가 불자와 스님이 모두 감소하는 위중한 상태에 놓여있기에 마음이 급하지만 백년대계(百年大計)를 세우는 심정으로 어린이 포교에 전력해야 한다. 다시금 강조하거니와 '어린이는 한국불교의 미래다' 어린이가 사찰에 다녀야 불자가 늘고, 불자가 늘어야 스님도 늘지 않겠는가?

6. 신도시 포교는 젊은 부부와 퇴직자 맞춤형 콘텐츠로

젊은 부부에게는 스트레스 해소와 태교를 위한 명상
퇴직자에게는 허무감과 우울증 극복을 위한 명상

오늘을 살아가는 우리는 신문과 방송에서 신도시 개발과 관련한 뉴스를 매일 접하며 살아간다. 대도시 특히 서울의 인구과밀, 교통체증, 주택난이 심각해지면서 인구의 재배치를 통하여 문제를 해결하고자 하는 방안이 신도시 개발이다. 그러다 보니 판교신도시, 파주신도시, 위례신도시, 김포한강신도시, 동탄신도시, 오산신도시, 운정신도시, 검단신도시, 다산신도시 등 일일이 기억하기도 힘들 정도로 많은 신도시들이 서울 주변에 속속 개발되고 있다.

포교는 지역인구의 특성에 맞도록 이루어질 때 효율성이 높아질 수 있다. 그러기 위해서는 지역인구의 특성이 분석되고 그에 맞는 포교 콘텐츠를 개발해야 한다. 최근의 언론보도에 따르면, 신혼부부 및 퇴직자를 중심으로 신도시로의 '탈(脫)서울' 현상이 나타나고 있다고 한다. 서울에 비하여 주택가격이 낮은 신도시로 자금력이 약한 신혼부부와 주택매매차익의 여유자금을 활용하기 위한 퇴직자들이 이주하기 때문이다.

신혼부부를 위한 포교 콘텐츠를 고려함에 있어서는 영·유아 자녀들에 대한 포교 방안을 떼어놓고서 생각해서는 안 된다. 어린 시절의 종교관은 평생 유지될 수 있다. 만일 어린 시절에 사찰에 대한 친근감을 가질 수 있는 기회를 가지게 된다면, 불교에 대해 특별히 실망하지 않는 한 불자로써 일생을 살아갈 여지가 많다. 그렇기에 감수성이 예민한 영·유아기에 사찰이 친밀하고 친숙하게 여겨질 수 있어야 한다. 하지만 현재의 법당에서의 근엄함과 엄숙함은 자유분방한 아이들에게는 익숙하지 않아서 오히려 무섭고 다가서기 어려운 장소로 각인되기 쉽다. 어린이집에서 느껴지는 편안한 분위기를 느낄 수 있도록 아이들의 눈높이에 맞춘 어린이법당을 꾸미고, 또한 그 법당을 법회시간 이후에도 놀이문화를 즐길 수 있는 공간으로 제공한다면, 부모와 함께 사찰을 찾은 어린 자녀들에게 한결 사찰과 불교에 대한 친밀감과 친숙감을 높여줄 수 있을 것이다. 또한 한자놀이방, 전통문화놀이방, 불교음식 만들기 놀이방, 찬불가 부르기 놀이방 등 다양한 불교문화콘텐츠를 가진 놀이방 등의 운영도 영·유아 시절부터 불교에 대한 거부감 내지 거리감을 해소할 수 있는 방안이 될 수 있다.

그러면 신혼부부 자신을 위한 포교 콘텐츠로는 무엇이 있을까? 신혼부부를 위해서는 명상 프로그램을 제안하고 싶다. 신혼부부들은 사회 초년생 또는 임산부들인 경우가 많은데 사회 초년생들은 직장의 스트레스 해소를 위하여 그리고 임산부들은 태교를 위하여 명상을 하고자 하는 욕구가 강하기 때문이다. 명상의 여러 효과는 1950년대부터 지금까지 수천편에 달하는 연구논문을 통해 보고된 바 있다. 특히 스트레스를 다스리는 데 있어 매우 뛰어난 직간접적 효과가 있는 것으로 밝혀졌다. 명상을 하면 스트레스가 줄어들고, 집중력과 창의력이 향상된다는 것이다. 이에 더하여 동국대학교 경주병원은 임산부들에게 '임산부용 마음챙김 명상 프로그램'을 실시해 임신 후 불안·우울증을 줄이고 태아 발육을 도울 수 있었다는 연구결과를 발표하였다. 만일 신도시 포교당에서 불교문화콘텐츠인 명상 프로그램을 대중적 차원에서 진행한다면 사회 초년생과 임산부 등의 신혼부부들에게 보다 쉽게 불교를 접할 수 있는 기회를 제공하는 것이다.

마지막으로 퇴직자를 위해서는 그동안의 삶을 회고하고 잘 마무리할 수 있는 프로그램들이 좋은 포교 콘텐츠가 될 수 있다. 퇴직자들은 직장에서도 가정에서도 필요 없는 존재인 자신을 발견하고 당황하게 된다. 지금까지 누구를 위해 그토록 열심히 일했나 하는 깊은 허무감과 우울증에 빠지게 되는 것이다. 성공적인 노후를 위해서는 마인드 컨트롤이 중요한 것인데 언급한 명상 프로그램은 퇴직자들을 위해서도 여전히 유효하다. 그리고 퇴직자 중에는 남은 삶을 이웃을 위한 봉사에 헌신하고자 하는 사람들이 적지 않은데 이들을 위하여 자원봉사 활동을 전개하는 것도 필요하다. 자원봉사 활동은 지역사회에서 사찰의 이미지를 긍정적으로 심어줄 수 있기 때문에 간접 포교의 효과도 가져올 수 있다. 또한 나이가 든 퇴직자들에게 있어서는 건강이 여간 신경이 쓰이는 문제가 아니다. 선무도와 태극권, 대체의학 프로그램, 산사 순례 등은 건강에 관심 있는 퇴직자들의 발길을 사찰이나 포교당으로 이끌 수 있는 포교 콘텐츠가 될 수 있다.

04

사찰경영, 부처님 법대로 하면 잘된다

스님의 법
수행

1. 행자와 사미는 허드레 일꾼이 아닌 초발심 수행자

도대체 우린 중[僧] 정신이 없다
행자와 사미의 시기는 출가 정신 정립기
사찰의 살림살이 요령에 앞서 출가자의 본분사를 가르쳐야

"도대체 우린 중[僧] 정신이 없다." 어느 해인가, 조계종 총무원장 스님이 요즘의 스님들이 출가 승려로서 가치관을 갖추고 있지 못한 현실을 질타한 말씀이다. 비록 표현은 거칠게 들릴 수도 있지만 오늘날 한국승가에 대한 총무원장 스님의 진솔하고 절박한 현실 인식을 확인할 수 있다. 그렇다면 도대체 중 정신을 갖춘다는 것은 어떠한 것인가? 이는 스님이 출가 사문(沙門)으로서 여법한 가치관을 갖춘다는 의미로 해석할 수 있다. 그런데 사문이란 출가하여 불도(佛道)를 닦는 사람이기에 사문의 가치관은 탈세속적이어야 한다. 즉 스님은 탐냄[貪], 성냄[瞋], 어리석음[痴]의 미망에 싸인 세속적 범부와는 다르게 사물과 현상을 사유할 수 있어야 하는 것이다.

하지만 이와 같은 출가 사문으로서의 정신과 가치관은 하루아침에 형성되지 않는다. 초발심을 내는 행자 시절부터 은사와 종단의 체계적·지속적 교육이 이루어져야만 출가 사문으로서의 올바른 정신을 갖출 수 있게 되는 것이다. 하지만 한국승가의 현실에서 행자 나아가 사미는 어른 스님과 선배 스님들의 심부름부터 사찰의 온갖 허드렛일까지를 묵묵히 해내야만 한다. 물론 이러한 과정을 통하여 행자와 사미들은 승가공동체 생활에 필요한 하심(下心)을 키우고, 세속에서 몸에 밴 습관을 버리게 된다. 또한 허드렛일은 잡념이나 망상이 생기지 않도록 하는 방편이자 공동 생활을 위해 필요한 울력이기도 하다. 하지만 문제는 오늘날 한국승가에서 행자와 사미를 허드렛일을 전담하는 존재로만 간주하는 인식과 온갖 허드렛일이 정식 승려가 되는 하나의 통과 관문이 되어버린 현실이다.

이런 인식과 현실 속에서 행자와 사미가 초발심을 지켜서 자신을 차분하게 관조하며 수행자로서의 정신 내지 가치관을 온전히 형성하기는 녹록치 않다. 행자와 사미가 절집안의 아랫사람으로서 필요한 궂은일은 해야 하나 그것이 출가자의 본분사와 전도될 지경에 놓여서는 안 된다. 오죽하면 절생활이 군생활보다 힘들다고 하지 않는가. 출가 사문에 걸맞은 여법한 정신을 갖추기 위해서는 행자와 사미를 허드레 일꾼이 아닌 초발심 수행자로 인정하고 대우하고 이끌어주어야 한다.

근래 한국승가의 최대 고민 중 하나는 출가자 급감의 문제다. 조계종이 출가 홍보포스터 제작, 토크 콘서트, 단기출가학교, 시니어 출가제도 등을 마련해 돌파구를 찾으려하는데서 그 문제의 심각성을 확인할 수 있다. 그런데 출가자 급감과 더불어 고민할 문제가 행자와 사미의 관리이다. 정확한 수치는 알 수 없지만, 출가 사문으로서의 원대한 꿈을 품고 출가한 예비 승려들이 허드렛일만 하는 현실에 실망하거나 수행과는 무관한 승가의 군대적 문화에 적응하지 못하고 적지 않게 환속한다고 한다.

출가 초기에 승가의 정체성과 가치관에 대한 초석이 올바로 다져져야 한다. 사람들은 흔히 어떤 조직에서의 초기 경험을 통해 그 조직에 대한 정체성과 그 일원으로서 자신의 가치관을 형성하게 된다. 이는 출가 초기 시절의 생활과 경험이 승가에 대한 정체성과 승려로서의 가치관 형성에 있어서 절대적인 영향을 미친다는 것을 시사해준다.

초발심 출가자는 절집안의 기능인·생활인이 아닌 수행자로서 키워져야 한다. 사찰경영의 기법을 가르치기에 앞서 출가 사문으로서의 근기를 길러주어야 한다. 출가자의 본분은 주지를 하거나 세속적 이윤을 추구하는 것이 아니라 생과 사를 넘나드는 수행을 통해 대자유의 깨달음을 얻는 것에 있음을 인식할 수 있도록 이끌어주어야 하는 것이다. 이제 초발심을 낸 출가자에게 사찰의 살림살이 요령을 긴요한 것으로 가르치는 것은 생사윤회의 고통에 그대로 머무는 방법을 가르치는 것과 다르지 않다.

행자들이 여법한 정신을 갖춘 출가 사문으로 성장하기 위해서는 사미·사미니를 거쳐 비구·비구니로 이어지는 종단과 은사의 교육이 필요하다. 종단은 종지(宗旨)·종풍(宗風)에 기반한 출가 사문으로서의 정향성(正向性)을 조직적·집단적으로 가르치고, 은사는 일상의 생활 속에서 이를 개별적으로 점검하고 지도해주어야 한다. 하지만 행자와 사미·사미니가 구족계를 갖춘 출가 사문이 되는데 무엇보다 중요한 배려는 그들을 허드레 일꾼이 아닌 초발심 수행자로 대하는 인식의 전환일 것이다.

2. 스님의 리더십 원천, 수익 아닌 수행

스님 존경 이유는 무소유와 청정
스님 능력 기준은 수익창출 아닌 청정수행

사찰살림, 한국불교에서는 결코 가벼이 생각할 수 없는 스님들의 고민이다. 남방불교국가에서는 신도들의 보시만으로도 사찰이 운영될 수 있지만 한국불교에서는 현실적으로 녹록치 않은 이야기다. 한국불교의 상당수 불자는 1년에 한 번 초파일에 절에 들려서 등을 달면 그것으로 불자의 도리를 다했다고 생각하고는 하기 때문이다. 그렇다보니 종단도 사찰도 스님도 하나같이 수익사업에 눈을 돌리게 되었고, 생수도 팔고, 기념품도 팔고, 된장도 팔고, 사찰음식도 팔게 되었으며, 이제는 수익사업을 당연한 것으로 때로는 진보한 것으로까지 자연스럽게 생각하게 되었다.

하지만 한국불교가 수익사업에 치중하는 것이 여법(如法)한 것인가를 고민해보아야 한다. 부처님은 "출가자는 사고파는 행위로부터 멀리 떠나야 한다."라고 설하셨다. 또한 "태생에 의해 바라문이 되는 것이 아니며,

태생에 의해 바라문이 아닌 자가 되는 것이 아니다. 행위에 의해 바라문이 되기도 하고, 바라문이 아닌 자가 되기도 한다. 행위에 의해 농부가 되고, 행위에 의해 기능인이 되며, 행위에 의해 상인이 되고, 행위에 의해 고용인이 된다."라고 설하셨다. 한국불교에서 수익사업을 문화사업, 생산불교 등으로 지칭하고 있지만, 그 본질은 물건을 사고파는 장사와 다르지 않다. 출가자는 수행함으로써 승려가 되는 것이지, 삭발하고 승복을 입었어도 하는 일이 장사이면 장사치가 되어버린다.

그렇다고 한국불교의 수익사업을 장사로 치부하고 스님들을 장사꾼으로 치부하자는 이야기는 아니다. 그와 같은 수익사업들이 오히려 한국불교의 성장을 저해할 수 있음을 걱정하는 것이다. 한국불교의 수익사업이 한국승가의 리더십을 상실하게 만드는 행위가 될 수 있기 때문이다.

사회인들이 승가를 존경하는 중요한 이유는 스님들의 무소유와 청정이다. 사람들은 스님들의 무소유로로부터 출가자의 청정한 삶을 연상하고 리더십을 느끼는 것이다. 현대인들이 가장 존경하는 스님으로 법정 스님을 손꼽는 것도 그와 같은 연유와 크게 다르지 않으리라고 생각된다.

리더십은 추종자가 지도자로부터 자신과는 다른 우월함 혹은 수승함을 느끼는 것으로부터 생겨난다. 일반인들은 종교지도자, 특히 스님들에게는 범부와는 다른 출세간적인 삶을 기대하고 있다. 재물에 집착하고 더 많이 소유하려는 범부 중생인 자신들과는 달리 일체의 집착으로부터 자유로운 스님들의 삶의 모습을 보고 자신의 종교 여부를 떠나 존경하는 것이다. 그렇기 때문에 범부의 삶의 방식과 별반 다를 바 없는 한국불교의 영리를 위한 수익사업은 한국승가의 리더십 원천을 근본적으로 저해할 수 있다.

일반인들은 스님들이 수익 창출을 잘해서가 아니라 소유와 집착을 벗어난 출가자의 청정한 삶을 살아가고 있기에 존경하고 따르는 것이다. 스님의 리더십 원천은 경영이 아니라 수행인 것이다. 경영능력이 있는 사람을 존경하고자 한다면, 스님이 아니라 성공한 기업인을 존경하면 된다. 스님들이 수행이 아닌 경영을 본분사로 삼는 것은 종교적·사회적으로 자신들의 리더십을 상실하는 행위가 되는 것이다. 스님들의 리더십은 범부와는 다른 수승한 삶을 살아갈 때 생겨난다. 스님들의 리더십은 세속적 수익을 창출하는 경영이 아니라 세간적 가치관을 초월한 수행에서 생겨남을 잊어서는 안 된다.

이제는 정녕 한국승가가 다른 방도가 없어서 스님들이 직접 수익사업을 하는 것인지를 자문(自問)하고 자답(自答)할 때이다. 승가의 재원은 스님들의 리더십에 이끌린 신도들의 보시금이 가장 여법하다. 그러함에도 불구하고 현실적으로 수익사업이 불가피하다면, 부처님이 정하신 바와 같이 정인(淨人, kappiya-kāraka)', 즉 재가신도가 주체가 되어서 수익사업을 하여야 한다. 그리고 그 수익금은 승가에 귀속 후 승단의 유지에 사용되거나 스님들에 의하여 다시금 사회의 어려운 곳에 사용될 수 있도록 하여야 한다.

3. 오히려 하심(下心)이 리더십

스님이라는 아상 버려야
낮추면 오히려 따른다
사섭법은 하심의 실천행위

서번트 리더십(servant leadership), 우리말로는 '섬김의 리더십'이라고 불린다. 교회에서 통용되던 이 말은 기업체의 리더십 교육에서 인용되더니, 어느 순간부터 일상에서 사용되기 시작하였고, 이제는 리더십을 이야기할 때는 빠지지 않고 등장한다. 교회에서 섬김이라고 하면 하나님에 대한 섬김을 우선 생각할 수 있지만 서번트 리더십에서 본래의 섬김은 목회자가 신도를 섬기는 의미로 사용되고 있다.

서번트 리더십은 미국의 통신회사 AT&T에서 경영 관련 교육과 연구를 담당했던 로버트 그린리프(Robert K. Greenleaf)가 1977년 헤르만 헤세(Hermann Hesse)의 소설 《동방순례(Die Morgenlandfahrt)》를 읽으면서 영감을 얻은 것이다. 그린리프는 이 소설을 읽으면서 불현듯 '지도자로서의 서번트' 개념을 떠올리게 되었다고 한다. 추종자의 섬김을 받는 것이 아니라 지도자의 섬기는 마음과 자세에서 리더십을 찾은 것이다.

《동방순례》는 신비로운 순례길에 나선 여행단의 이야기다. 주인공 레오(Leo)는 여행단의 잡일을 도맡아 처리하는 서번트(servant, 시종)로서 여행단의 일원이 되지만, 여행단이 지치고 힘들어 할 때에는 노래를 불러 활기를 불어 넣어준다. 덕분에 여행길은 순조로웠다. 그러나 레오가 사라지면서 여행단은 혼란에 빠지고 결국 여행 자체를 포기하기에 이른다. 서번트 레오가 없이는 여행을 계속할 수가 없었기 때문이다. 그는 분명 평범하였지만 그의 평범함은 평범함이 아니었던 것이다.

여행단의 일원이자 이 소설의 화자(話者)는 몇 년을 방랑한 끝에 마침내 다시 레오를 재회하게 되고, 그 여행을 후원한 교단을 찾게 된다. 그리고 그때에야 비로소 서번트로만 알던 레오가 실제로는 그 교단의 우두머리이자, 정신적 지도자라는 것을 알게 된다.

레오는 가장 높은 위치에서도 자신을 낮추어 겸손하게 섬기고 스스로를 희생하고 봉사할 수 있는 '지도자로서의 서번트'였던 것이다. 그린리프는 이러한 레오의 모습을 통해 진정한 섬기는 리더의 모습을 찾고 그 리더십을 정리하였다. 그리고 1977년, 그 내용을 담은 《Servant-Leadership》을 출간하였다.

일명 '섬김의 리더십'으로 불리는 서번트 리더십은 기존까지 리더십의 대표적인 유형으로 손꼽히는 '보스(boss)형 리더'와는 확연히 구별된다. 《동방순례》의 레오를 통해서 지도자 혹은 리더란 '이끄는 사람'이라는 기존 관념에서 '먼저 봉사하는 사람'이라는 인식으로 변한 것이다. 그린리프에 의하면, 서번트 리더는 처음에는 서번트다. 서번트 리더십은 진정으로 상대를 섬기고 싶어 하는 마음에서 시작한다. 그러나 그 섬김은 이내 상대를 감화시켜 추종하게 만든다. 서번트가 리더가 되는 것이다. 권위와 이익을 우선시 하는 사람에게서 이런 섬기는 자세를 기대하기란 사실상 어렵다.

섬김은 절집의 하심(下心)과 다르지 않다. 하심이란 '자신을 낮추어 남을 존경한다'는 뜻이다. 나를 낮추는 하심(下心)은 스스로를 비우기 때문에 스스로를 편안하게 만들어 줄 뿐 아니라, 남을 우러르고 존경하기 때문에 남을 편안하게 해주는 일이다. 하심은 자신과 남을 편안하게 해준다.

하심을 갖추기 위해선 상(相)이 없어야 한다. 《금강경》에서 이르기를 '상이 없으면 부처요. 상이 있으면 중생이다(無相卽佛 有相卽衆生)'라고 하였다. 어리석은 중생은 늘 상에 얽매인다. '나는 똑똑하다', '나는 잘났다'라는 자만심, 그리고 '나는 부자다', '나는 높은 사람이다', '나는 너보다 낫다'라는 교만감 등이 바로 아상(我相)이다. 어리석은 중생은 늘 이런 아상에 얽매인다. 아상이 강하면 나 중심으로 살기에 남을 배려할 줄 모르게 된다. 남이 나를 무시하는 것에 대해선 불쾌하게 생각하거나 화를 내면서도, 내가 남을 무시하는 일에 대해선 대수롭지 않게 여긴다. 아상이 강하면 하심할 수 없다.

그렇기 때문에 아상을 없애기 위해선 하심이 전제되어야 한다. 나와 내 것, 그리고 내 생각에 대한 자만심과 교만감, 우월감 등이 아상이기에 이를 내세우지 않는 마음을 우선 가져야 한다. 내세우지 않는 마음이 곧 하심의 출발이다. 내세우지 없으면 집착할 것이 없고, 집착할 것이 없게 되면 걸릴 것이 없고, 걸릴 것이 없으면 나와 네가 자유롭게 되고, 나와 네가 자유로우면 모두가 행복하게 된다. 하심은 이러한 것이다.

섬김 혹은 서번트를 목회자들이 중시하는 것 이상으로 하심은 스님들의 일상에서 강조되는 생활 자세이다. 그럼에도 불구하고 막상 사찰 생활에서는 '스님들이 권위적이다'라는 평가도 적지 않다. 스님은 '권위'는 있어야 하나 그 행동이 '권위적'이어서는 안 된다. 권위란 다른 사람을 통솔하여 이끄는 힘이지만 권위적이란 지위나 권력을 내세우며 상대를 억압하는 것을 의미하기 때문이다. 그리고 스님의 권위는 격식을 갖춘 태도에서 나오는 위엄과 엄숙한 몸가짐인 위의(威儀)에 기반을 두어야 한다.

사람들은 자신이 권위적인지를 어떻게 알 수 있을까? 권위적인 사람들이 보이는 특징을 세 가지로 정리한 이론이 있다. 만일 스님이 신도와의 관계에서 이러한 특징을 보이고 있다면 혹여 자신이 권위적인지를 의심할 필요가 있다. 첫째는 음향강도의 이론(the decibel theory)이다. 스님의 지위와 권한을 믿고 큰 소리를 쳐 신도를 굴복시키는 행위이다. 둘째는 주입식 이론(the sell theory)이다. 신도는 사찰 일에 대해 무지하다고 간주하고 주입식으로 하나하나 가르쳐주며 피동적으로 움직이게 하는 행위이다. 셋째는 최소 정보제공의 이론(the minimal information theory)이다. 스님들이 지시만 하면 그대로 순종하며 소임을 다하는 것이 신도의 자세라고 여겨 제대로 알려주지 않고 일을 시키는 행위이다.

만일 어떤 스님이 신도에게 목소리를 크게 하거나, 신도에게 주입식으로 지시하거나, 신도에게 충분히 가르쳐 주지 않는다면 자신이 권위적이었고 하심하지 못했나를 돌이켜 보아야 한다. 이 목소리를 크게 하고, 주입식으로 지시하고, 충분히 가르쳐 주지 않는 행동은 모두 자만심, 교만감, 우월감 등과 같은 아상에 대한 집착에서 비롯된다. 스님은 신도보다 본래 우위에 있고, 스님의 생각은 신도보다 옳다는 인식 등이 그러하다.

한국불교에서 스님과 신도 사이에는 상하 주종의 관계가 강하게 형성되어 있다. 하지만 하심은 스님과 스님의 관계에서 뿐만 아니라 스님과 신도 간에도 필요한 마음이며 자세이다. 스님의 하심은 신도를 감화시킨다. 사회적으로 존경받는 사람이 누군가에게 자신을 낮추면 오히려 상대방은 오히려 큰 감동을 받는다. 그것이 스님의 하심의 리더십이다. 스님은 보스(boss)가 아니라 리더(leader)가 되어야 한다. 보스는 권력과 위력으로 상대방의 강제적 복종을 이끌어내는 우두머리이지만 리더는 선의와 열의로 상대방의 자발적 추종을 이끌어내는 지도자이다. 강제적 복종이 아닌 자발적 추종의 전제는 감화와 감동이며, 스님의 하심은 신도의 감화와 감동을 이끌어낸다.

그렇다면 스님의 신도에 대한 하심은 어떠해야 하는가. 사섭법(四攝法)은 하심의 실천방법이 될 수 있다. 남에게 무엇을 베푸는 보시섭(布施攝), 남에게 온화한 말을 해주는 애어섭(愛語攝), 남을 이롭게 해주는 이행섭(利行攝), 남과 고락을 함께 하는 동사섭(同事攝)이 곧 하심의 실천이다.

보시섭, 스님은 신도를 위해 베풀어야 한다. 신도가 무언가를 구할 때 힘닿는 대로 베풀어주는 것이다. 베푸는 것은 물질적인 것일 수도 있고 정신적인 것일 수도 있다. 스님이 재물을 자신이 우선 취하지 않고 신도를 먼저 배려한다면, 신도는 감동받고 감화되며 스님에게 자발적 추종을 하게 된다. 또한 신도가 어려움에 처했을 때 정신적으로 이끌어주는 것도 스님의 리더십을 발현하는 것이다. 이에 스님은 물질적·정신적으로 얻은 바를 독점하지 말고 자신의 이익보다는 신도의 이익을 먼저 배려해야 한다. 모든 인간이 행복해야한다는 마음으로 아낌없이 보시할 수 있어야 한다.

애어섭, 스님은 신도에게 부드럽고 고운 말을 써야 한다. 신도를 부처님의 가르침으로 교화하기 위해 유익한 가르침을 온화하게 말해 친근한 정을 일으키는 실천법이다. 온화한 말이라고 해서 아첨하여 꾸미는 말이 아니다. 스님이 말과 표정을 부드럽게 하여 신도가 그 말에 귀 기울이게 함으로써 의사를 소통하고 나아가 교화를 하는 것이다. 비판과 충고의 말도 포함된다. 스님이 스스로 자신의 지위를 높이 여겨 신도를 권위적이고 무시하는 말투로 억누르려고 하는 것은 상대방을 기분 나쁘게만 할 뿐 결코 지도할 수 없다. 그럼으로 스님은 언제나 자신을 낮추어서 겸손한 말씨로 쉽고 친근하게 신도를 대해야 한다.

이행섭, 스님은 신도를 이롭게 해야 한다. 신도에게 이익 되도록 행동, 언어, 의식 속에 선행을 담아 베푸는 일을 말한다. 스님은 항상 신도를 이롭게 하는 것이 무엇인가를 알아서 행동해야 한다. 재정 소요가 큰 불사(佛事)를 하기 전에 신도에게 참된 이익이 되는 것이 무엇인지를 고민하는 것도 그러하다. 육체적으로나 정신적으로 또는 언어적으로 항상 신도를 이롭게 할 수 있어야 한다. 하지만 자기 자신을 높여 다른 사람을 돕는 행위는 교만과 다르지 않기에 스님의 이행섭은 자기 자신을 낮추고 신도를 높여 이롭게 할 때에야 가능하다.

동사섭, 스님은 신도와 고락을 함께 해야 한다. 신도의 상황을 배려하여 고락(苦樂)과 화복(禍福)을 같이 하는 자타불이(自他不二)의 실천행위다. 스님은 신도와 같은 입장에 서서 생각하고 그를 위하는 일에 적극적이어야 한다. 자신의 지위가 높다고 자신은 비를 피하고 다른 사람은 낮다고 비를 맞게 하는 것은 스님이 할 행동이 아니다. 스님은 신도들 속으로 들어가 고락을 함께 해야 한다. 스님 자신은 높여 궂은일을 피하고 신도는 궂은일을 겪도록 해서는 안 된다.

그런데 이 사섭법은 아상이 있어서는 절대로 실천할 수 없다는 사실을 알아야 한다. 내가 상대방보다 스스로 잘났다고 생각하고 또한 업신여기는 마음을 가져서는 다른 사람에게 베풀 수도[布施攝], 친절한 말을 할 수도[愛語攝], 이롭게 할 수도[利行攝], 그리고 고락을 함께 할 수도[同事攝] 없다. 사섭법은 내가 너보다 잘났다는 마음을 없애고 자신을 상대보다 낮추어 하심할 때 비로소 실천 가능하다. 그러하기에 스님은 신도를 대함에 있어 '나는 스님이고 너는 속인인데'라는 아상을 버리고 자신을 낮추어야 한다. 이러한 스님의 하심은 스님을 보스가 아닌 리더로 만드는 원동력이 된다.

4. 종교지도자의 카리스마는 신성(神聖)이 아닌 봉사로부터

종교지도자의 카리스마는 군림이 아닌 덕성
종교지도자의 덕성은 어질고 너그러움
불교지도자의 카리스마는 육바라밀 봉사

우리는 일상에서 "카리스마가 있다."라는 말을 흔히 접하게 된다. 사람을 끌어당기는 강력한 힘을 가진 사람이라면 정치인, 연예인, 나아가 친구나 동료에게도 "카리스마가 있다."라고 표현한다. 하지만 이때의 힘은 매력이나 명성과는 다른 것으로써 특정인이 대중들의 마음을 쉽게 빼앗아 자신의 의지대로 잘 이끄는 미지의 요소를 뜻한다.

하지만 카리스마(charisma)라는 말을 거리낌 없이 자주 사용하는 사람들 중에 자신이 1세기 중반에 처음 글자로 나타난 고대 그리스 단어를 사용하고 있다는 사실을 알고 있는 사람은 거의 없는 것 같다. 또한 1세기에 그 말이 그리스도교인들 사이에서 처음 사용될 때, 예언에서부터 치료, 방언을 말하는 능력까지 기적과도 같은 영적인 능력을 의미했다는 사실도 잘 모를 것이다.

그리스어 χάρισμα[카리스마]는 기원 후 50~62년 사이에 쓰인 사도 바울의 서신에서 처음 나타난다. 사도 바울은 카리스마라는 말을 '하나님의 은혜로운 선물'이라는 의미로 사용했다. 즉 카리스마를 '초자연적인 능력'으로 여겼다. 그리고 2세기에 라틴어로 글을 쓰던 그리스도교 신학자들이 χάρισμα를 로마자로 옮겼고, 그로 인해 '카리스마'가 되었다. 하지만 바울이 설명했던 초자연적인 은사(恩賜) 능력은 후대 교회 당국의 무시를 당한다. 현실에 기반한 성서와 교리, 주교의 권위에 기대어서 체계를 잡아가던 교회로선 초자연적인 이 개념을 받아들이기 힘들었다. 그 결과 카리스마는 초기 그리스도교 역사 속에 봉인되고 말았다.

사라졌던 카리스마는 20세기 초반 부활한다. 독일의 사회과학자 막스 베버(Max Weber, 1864~1920)가 기존 권위에 도전하면서 혁명적이고 새로운 질서를 세워가는 지도자의 능력으로 카리스마를 내세운 것이다. 이때부터 카리스마는 종교적 차원의 초자연성에서 세속적 차원의 자연성의 의미를 점차 지니게 된다. 사도 바울이 사용하였던 카리스마가 신성(神聖)을 의미하였다면 막스 베버가 사용한 카리스마의 의미는 '반(半) 신성'을 뜻하는 정도로 변화한 것이다.

그런데 막스 베버 이후 반세기가 지나면서 카리스마는 지도자의 권위나 재능에서 개인의 매력과 자질을 가리키는 말로 다시금 변화하게 된다. 이제는 성직자의 신성 내지 지도자의 반 신성이 아닌 '무(無) 신성'인 미지의 힘으로 의미가 변한 것이다. 이러한 신성의 배제는 사람들로 하여금 과거보다 더욱 초월적 카리스마를 지닌 지도자의 존재를 인정하지 못하게 만들었다.

그렇다면 신성과 권위가 약화된 현대사회에서 종교지도자로서 불교지도자의 카리스마는 어떠한 의미를 가져야 하는가. 불교지도자의 카리스마적 리더십은 점차 세속화되고 합리화되어가는 우리 사회의 흐름과 어떻게 조화를 이루어야 하는가. 막스 베버는 사회가 합리화되면 될수록 카리스마적 지도자의 출현이 줄어든다고 설명한다. 세계 역사는 곧 초월적이고 마법적인 힘으로부터의 해방 과정, 즉 합리화 과정이라고 설명하는 막스 베버의 관점에서 볼 때 신성한 후광을 지닌 카리스마적 지도자의 출현이 줄어드는 것은 당연한 현상이라고 할 수 있다.

특히 20세기 후반 이후 소위 포스트모더니즘이라 불리는 시대가 도래하면서 이 세계는 수직적이고 위계적인 가치보다는 수평적이고 다원적인 가치가 인정을 받는 사회가 되어가고 있다. 범접할 수 없는 카리스마를 지닌 지도자에게 맹목적인 충성을 바치던 비합리적 관행은 사회가 합리화되고 개인주의화됨에 따라 점차 사라질 수밖에 없게 되었다. 이러한 현상은 원래 카리스마가 발현되는 고유 영역이었던 종교계에서도 나타나고 있다. 사찰의 경우에도 신도는 가까이 하기 어려운 권위적인 스님 대신에 친절하고 격식이 없는 스님을 좋아하는 경향이 강해지고 있다.

그럼에도 불구하고 종교지도자는 일반 사회지도자와는 무언가 달라야한다는 점에서는 이의를 제기하기 힘들다. 만일 종교지도자가 사회적 물의를 빚게 된다면, 일반 사회지도자가 동일한 물의를 저질렀을 때보다 더욱 혹독하게 비난을 받게 된다. 사람들이 종교지도자에게서 여타의 사회지도자와는 다른 리더십을 기대하기 때문인데, 그 기대의 근원에는 덕성(德性)이 자리하고 있는 것으로 보인다. 종교지도자는 높은 덕성을 가지고 있을 때 신도를 이끌 수 있다. 그렇지 않으면 그는 종교지도자가 아닌 일반 사회의 관리자와 다를 바가 없게 된다.

과거엔 종교지도자의 카리스마가 초자연적 능력 혹은 제사장적 권능인 신성과 권위로부터 비롯된다고 여겼었다. 그러나 과학의 발전으로 인하여 인간의 이성이 고도로 합리화하면서 초자연적·제사장적 능력과 권능보다는 일반인과는 다른 높은 덕성에서 종교지도자의 카리스마를 찾는 경향이 생겨났다. 그런데 덕성(德性)은 '어질고 너그러움'을 뜻하는 바 신성 혹은 권위와는 사뭇 다르다. 어질고 너그러움은 마음이 넓고 이해심이 많다는 의미로 다른 사람 위에 군림하는 것이 아니라 자신을 낮추어[하심(下心)] 타인을 위하는[봉사] 것이다. 과거 종교지도자의 카리스마가 신성과 권위였다면 현대 종교지도자의 카리스마는 정반대로 하심과 봉사인 것이다.

그러하기에 종교지도자는 자기를 낮추어 세상에 봉사하여야 한다. 불교에서는 이타행의 삶으로 중생을 구제하는 존재가 보살(菩薩)이다. 보살이라는 말은 산스크리트어로 보디삿뜨바(boddhi-sattva), 빨리어로는 보디삿따(bodhi-satta)라는 말의 음을 모사한 것이다. 이 원어를 정확히 음사하여 보리살타(菩提薩埵)라고 쓰기도 한다. 그리고 원어에서 깨달음을 뜻하는 보리가 '보'로 축약되고, 생명체 즉 중생을 뜻하는 살타가 '살'로 축약되어 보살이라 통칭된 것이다. 보살을 한 마디로 말하면, '깨달음(보리)을 구하는 사람'이라 할 수 있다.

그런데 대승불교에서 보살은 깨달음을 구하는 사람[覺有情]의 의미에서 중생을 구제하는 존재로 변화한다. 위로는 깨달음을 구하고 아래로는 중생을 교화하는 보살, 특히 자신을 구제하기에 앞서 먼저 남을 구제하는 이타행(利他行)으로서의 보살행이 강조되었다. 이는 보살의 삶은 곧 봉사의 삶이라는 것을 시사한다.

대승불교에서 보살의 실천행은 육바라밀(六波羅蜜)이다. 육바라밀은 우리나라 불교에서 가장 중요시하는 보살의 실천행이기도 하며 보시(布施)·지계(持戒)·인욕(忍辱)·정진(精進)·선정(禪定)·지혜(智慧) 등 여섯 가지의 바라밀(波羅蜜)로 구성되어 있다. 소승불교의 방점인 자기의 인격완성을 위하여서는 사성제(四聖諦)와 팔정도(八正道)의 가르침으로도 충분하지만, 대승불교는 이에 만족하지 않고 보살의 수행법으로서 육바라밀을 독자적으로 설하였다. 그것은 팔정도가 자기완성을 위한 항목만을 포함하고 있기 때문에 이타행(利他行)을 위해서는 충분하지 않으며, 보시와 인욕과 같은 대사회적인 항목을 포함하고 있는 육바라밀이 보살의 수행법으로 알맞다고 생각되었기 때문이다. 대승불교의 지도자로서 보살은 육바라밀의 실천을 통하여 사회에 봉사하는 수행자인 것이다.

보시바라밀(布施波羅蜜)은 남에게 자신의 재물이나 지식을 나누어주거나, 두려움에 빠져있는 사람에게서 두려움을 제거해주는 것을 말한다. 그런데 보시의 근본 자세는 무주상보시(無住相布施)임을 잊지 말아야 한다. 보시한다는 상(相)조차도 없이 보시하여야 하는 것이다. 이는 하심으로 아상(我相)을 없앨 때에야 비로소 가능해진다.

지계바라밀(持戒波羅蜜)은 계율을 지키는 것, 즉 생활의 규범을 준수하는 것을 말한다. 지도자란 누구보다도 원칙을 준수하여야 한다. 아랫사람에게는 법을 준수하라면서 자신은 예외적으로 행동한다면 지도자의 자격이 없는 것이다. 불교지도자는 윗사람의 권위를 내세워 법과 규범에서 예외가 되지 않고 자신을 낮추어 솔선수범하여야 한다.

인욕바라밀(忍辱波羅蜜)은 참기 어려움을 참고, 행하기 어려움을 능히 행함을 말한다. 물질생활에 있어서는 내핍을 정신생활에 있어서는 극기를 인욕이라 한다. 어떠한 물질적 빈곤에도 불만 없이 안빈낙도(安貧樂道)하고, 또 어떠한 정신적 핍박에도 실망하거나 좌절하지 않는 것이 인욕이다. 어떠한 극한 상황에서도 불교지도자는 인내로써 중생고를 해소해야 한다.

정진바라밀(精進波羅蜜)은 끊임없는 노력을 말한다. 안으로 인격 완성을 위하여 끝없는 번뇌를 끊고, 밖으로는 무수한 중생을 피안으로 인도하는 일은 끊임없는 노력 없이는 이루어질 수 없다. 보살은 중생구제에 끊임없는 노력을 시작이 없는 과거로부터 끝이 없는 미래에까지 영원히 계속해 가는 존재이다. 어떠한 장애나 난관이 오더라도 굴함이 없이 게으르지 않은 모습은 참으로 아름답고 믿음직한 불교지도자의 모습이다.

선정바라밀(禪定波羅蜜)은 '생각하며 닦는다', '생각을 고요히 한다'는 뜻이다. 이는 번뇌망상으로 인하여 생겨나는 번거롭고 소란한 마음을 진정시켜 정신을 통일하는 수행방법이다. 어떤 조직이나 사회도 늘 평온한 시절만 보낼 수는 없다. 예기치 못했던 사태에 직면하여 당황하지 않고 사람을 이끄는 것은 불교지도자가 갖춰야할 중요한 능력이 아닐 수 없다.

지혜바라밀(智慧波羅蜜)은 선정에서 얻어진 것이 지혜이다. 지혜는 범어 반야(般若)의 번역으로 이것을 예지(叡智), 선험지(先驗智), 직관지(直觀知)라고도 한다. 이는 듣고 보고서 배워진 유소득(有所得)의 지식과는 다르다. 감성과 논리 또는 지식을 초월한 예지와 선험지 그리고 직관지는 불교지도자의 참다운 지혜이다.

지금까지 우리는 현대사회에서 카리스마가 과거와는 달리 신성과 권위가 배제된 의미로 변화하였으며, 불교지도자는 육바라밀의 실천으로 봉사를 하여야 함을 살펴보았다. 이제 현대사회의 불교지도자는 신성 혹은 권위의 카리스마로써 다른 사람들 위에 군림하는 것이 아니라, 하심의 카리스마로써 이 세상에 봉사하여야 한다. 그럼에도 불구하고 아직까지 겸손하지 못한 일부 불교계의 지도자들이 카리스마를 하심과 봉사에서 찾지 못하고 자신이 입고 있는 가사장삼에서 찾는 어리석음을 간혹 범해 온 것은 부인하기 어려운 사실이다. 이는 마치 불상을 이고 가는 당나귀가 사람들의 절을 받고 우쭐해져서 부처님의 존재를 잊어버리는 것과 마찬가지의 형국임을 알아야만 한다

5. 장로 비구의 덕목과 자질

사회가 종교를 걱정하는 현실
출가 사문의 범행(梵行) 절실

'사회가 오히려 종교를 걱정한다'는 우려서린 목소리가 도처에서 들려온다. 사회를 평안하게 해주어야 하는 게 종교인데 오히려 사회에 걱정을 끼치는 존재가 되고 있음을 비꼬는 말이다. 그 이면에는 종교지도자의 일탈이 상당수 존재한다. 그런데 불교도 이로부터 자유롭지 못한 실정이다. 자연스럽게 옛 장로 비구의 덕목과 자질을 그리워하고 돌이키게 되는 대목이다.

불교경전에는 승가지도자인 장로 비구의 덕목과 자질이 다양하게 설해지고 있다. 그중에서도 빠알리 경장인 니까야(nikāya)는 장로 비구의 덕목을 설하고 있는데, 이는 기본적 자질, 도덕적 자질, 정신적 자질, 논리적 자질, 이타적 자질로 나눌 수 있다.

《니까야》에서 장로 비구의 〈기본적 자질〉로 우선 들고 있는 것은 믿음[saddha]과 (안으로) 부끄러움[hiri, 양심], (밖으로) 부끄러움[ottappa, 수치심], 정진[viriya], 지혜[paññā]이다.

"비구들이여, 다섯 가지 법을 갖춘 장로 비구는 동료 수행자들이 사랑하고 마음에 들어 하고 존중하고 경의를 표한다. 무엇이 다섯인가?"
"믿음이 있고, 안으로 부끄러움이 있고, 밖으로 부끄러움이 있고, 열심히 정진하고, 지혜가 있다. 비구들이여, 이러한 다섯 가지 법을 갖춘 장로 비구는 동료 수행자들이 사랑하고 마음에 들어 하고 존중하고 경의를 표한다." (AN5:84)

《앙굿따라 니까야(Aṅguttara-nikāya)》에서 제시하고 있는 장로 비구의 기본적 자질 중 주목할 것은 안으로 부끄러움과 밖으로 부끄러움이다. 불가(佛家)에서는 흔히 이를 참괴(慚愧)라고 이야기 한다. 안으로 부끄럽다는 것은 자신의 잘못에 대하여 양심으로 느껴 부끄러워하는 것이고, 밖으로 부끄럽다는 것은 자신의 잘못에 대하여 사람들로 하여금 수치심을 느껴 부끄러워하는 것이다. 안팎으로 부끄러움을 모르는 자는 참회할 줄 모르기에 잘못에 대한 개선도 하지 않는다. 사람은 누구나 잘못할 수 있다. 중요한 것은 자신의 잘못에 참회하여 바로 잡는 것이다. 이 과정에서 부끄러움을 느끼는 것은 참회의 시발이 된다. 그렇기 때문에 안팎으로 부끄러움을 모르는 자는 승가의 지도자가 되어서는 안 된다.

《앙굿따라 니까야》는 장로 비구의 〈도덕적 자질〉에 대해서 다음과 같이 제시하고 있다.

"비구들이여, 다섯 가지 법을 갖춘 장로 비구는 동료 수행자들이 사랑하고 마음에 들어 하고 존중하고 경의를 표한다. 무엇이 다섯인가?"

"계략을 부리지 않고, 쓸데없는 말을 하지 않고, 암시를 주지 않고, 비방하지 않고, 이득으로 이득을 추구하지 않는다. 비구들이여, 이러한 다섯 가지 법을 갖춘 장로 비구는 동료 수행자들이 사랑하고 마음에 들어 하고 존중하고 경의를 표한다." (AN5:83)

그렇다면 여기서 무엇이 계략인가? 이득과 존경과 명성을 집착하고, 삿된 소원을 가지고, 그런 소원의 희생이 된 자가 기만과 위선 혹은 위의를 꾸미거나 취하는 것을 계략이라 한다. 승가지도자는 세속적 이득과 존경 그리고 명성에서 벗어나 삿된 계략을 꾸미지 말아야 하는 것이다. 근래 출세간의 지도자가 세간의 이득과 존경 그리고 명성에 집착하고, 또한 이를 얻고 지키기 위하여 계략을 꾸미는 세태는 승가지도자에게 필요한 기본적 자질을 돌아보게 하는 대목이다.

무엇이 쓸데없는 말인가? 이득과 존경과 명성을 집착하고, 삿된 소원을 가지고, 그런 소원의 희생이 된 자가 남들에게 말을 건네거나 대답하거나, 장황하게 말하거나, 격찬하거나, 설득하거나, 제안하거나, 환심을 사는 말을 하거나, 아첨하는 말을 하거나, 반쯤 거짓인 말을 하는 것, 귀여운 말을 하는 것 등을 일러 쓸데없는 말이라 한다. 이득과 존경과 명성에 집착한 자는 승가지도자로서 칭찬, 설득, 제안, 아첨, 거짓 등 일체의 말을 건네거나 대답을 할 자격이 없음을 일깨우는 경구라고 할 수 있다. 그들이 하는 일체의 말은 자신의 이득, 존경, 명성 등의 삿된 소원을 이루기 위한 감언이설에 지나지 않음을 알아야 한다.

무엇이 암시인가? 이득과 존경과 명성을 집착하고, 삿된 소원을 가지고, 그런 소원의 희생이 된 자가 남들에게 신호를 보내거나, 우회적인 말을 하거나, 넌지시 말함을 일러 암시라 한다. 《니까야》의 한글 번역본을 읽다보면, 암시를 점(点)치는 행위로 해석하는 경우를 종종 보게 된다. 물론 틀린 해석은 아니다. 그러나 이때의 암시는 상대의 심리를 이용한 일체의 삿된 언행으로 이해할 수 있다. 즉 승가지도자는 자신의 삿된 소원을 이루고자 상대의 기대 심리를 이용하여 우회적으로 넌지시 말을 하거나 신호를 보내서는 안 되는 것이다.

무엇이 비방인가? 이득과 존경과 명성을 집착하고, 삿된 소원을 가지고, 그런 소원의 희생이 된 자가 남들을 욕하거나, 얕보거나, 헐뜯거나, 윽박지르거나, 비웃거나, 모욕하거나, 소문을 퍼뜨리거나, 뒤에서 험담하는 것을 일러 비방이라 한다. 이런 유형의 비방 행위는 협박과 사기에 해당한다. 세상에서 발생하는 상당수의 비방은 지위와 권력 또는 재물을 갖거나 지키고자함에서 비롯된다. 하지만 출가 사문은 속세의 사람들과는 사뭇 달라야 한다. 승가지도자는 속세의 가치 기준인 지위와 권력 혹은 재물을 지키기 위하여 또는 그것을 악용하여 타인을 협박하고 사기 치는 등의 비방 행위를 해서는 안 되는 것이다.

무엇이 이득으로 이득을 추구함인가? 이득과 존경과 명성을 집착하고, 삿된 소원을 가지고, 그런 소원의 희생이 된 자가 여기서 물건으로 물건을 구하거나, 찾거나, 자세히 살피거나, 구하러 가거나, 찾으러 가거나, 찾으러 돌아다니는 것을 일러 이득으로 이득을 추구하는 것이라 한다. 승가지도자는 여기서 얻은 물건을 저곳으로 가져가거나, 혹은 저곳에서 얻은 물건을 이곳을 가져와서는 안 되는 것이다.

《앙굿따라 니까야》에서 제시하고 있는 장로 비구의 〈정신적 자질〉은 다음과 같다.

> "비구들이여, 다섯 가지 법을 갖춘 장로 비구는 동료 수행자들이 사랑하고 마음에 들어 하고 존중하고 경의를 표한다. 무엇이 다섯인가?"
>
> "형상[色]들을 견디고, 소리[聲]들을 견디고, 냄새[香]들을 견디고, 맛[味]들을 견디고, 감촉[觸]들을 견딘다. 비구들이여, 이러한 다섯 가지 법을 갖춘 장로 비구는 동료 수행자들이 사랑하고 마음에 들어 하고 존중하고 경의를 표한다." (AN5:83)

승가지도자는 형상과 소리, 냄새, 맛, 감촉에 제압당하지 않아야 하는 것이다. 즉 수행자는 외부의 대상에 영향을 받으면 안 되는 것이다. 만일 장로 비구가 외부의 대상에 영향을 받는다면, 그는 아직 수행을 완성하지 못한 단계에 있는 것이다.

《앙굿따라 니까야》는 무애해(無礙解)의 얻음과 타인에 대한 배려를 장로 비구의 덕목으로 제시하고 있는데, 이는 장로 비구의 〈논리적 자질〉과 〈이타적 자질〉이라 할 수 있다.

> "비구들이여, 다섯 가지 법을 갖춘 장로 비구는 동료 수행자들이 사랑하고 마음에 들어 하고 존중하고 경의를 표한다. 무엇이 다섯인가?"

"뜻에 대한 무애해를 얻었고, 법에 대한 무애해를 얻었고, 언어에 대한 무애해를 얻었고, 변재에 대한 무애해를 얻었다. 동료 수행자들을 위해서 반드시 해야 할 여러 가지 소임들을 열심히 하고 거기에 숙련되고 게으르지 않으며, 그러한 검증을 구족하여 충분히 실행하고 충분히 준비한다. 비구들이여, 이러한 다섯 가지 법을 갖춘 장로 비구는 동료 수행자들이 사랑하고 마음에 들어 하고 존중하고 경의를 표한다." (AN5:86)

뜻에 대한 무애해는 의무애해(義無礙解)이고, 법에 대한 무애해는 법무애해(法無礙解)이고, 언어에 대한 무해해는 사무애해(詞無礙解)이고 변재에 대한 무애해는 변무애해(辯無礙解)이다. 이를 총칭하여 사무애해(四無礙解)라 한다. 네 가지 걸림 없는 식견이라는 뜻이다. 승가지도자는 불교교리에 대한 올바른 이해와 식견인 의무애해와 법무애해를 갖춰 불법(佛法)에 대한 걸림이 없어야 하며, 사무애해와 변무애해를 갖춰 불법에 대한 논사로서의 능력이 있어야 한다.

그리고 장로 비구는 사무애해에 더하여 이타행(利他行)을 실천해야 한다. 상기의 경구 중 '동료 수행자들을 위해서 게으르지 않게 소임을 열심히 사는 것'이 이에 해당한다. 승가지도자는 학식(學識)인 사무애해(四無礙解)와 더불어 타인에 대한 배려인 이타행을 덕목으로 갖추어야 하는 것이다.

장로 비구가 이와 같이 기본적, 도덕적, 정신적, 논리적, 이타적 자질을 갖추었다면, 그는 지계(持戒)에 기반한 리더십을 발휘해야 승가지도자가 될 수 있다. 이와 관련하여 《앙굿따라 니까야》는 다음과 같이 설하고 있다.

"비구들이여, 다섯 가지 법을 갖춘 장로 비구는 동료 수행자들이 사랑하고 마음에 들어 하고 존중하고 경의를 표한다. 무엇이 다섯인가?"
"그는 계를 잘 지킨다. 그는 빠띠목카(pātimokkha, 戒目)를 수호하고 단속하면서 머문다. 올바른 행위의 경계를 갖추고, 사소한 허물에도 두려움을 느끼고, 학습계목을 받아 지녀 배운다." (AN5:87)

사부대중은 계율을 어긴 자를 존경하지도 않고 따르지도 않는다. 도덕적으로 결함이 있는 자의 말은 힘이 없고 권위가 없다. 정치지도자는 도덕적으로 큰 결함이 없다면 고위직에도 올라갈 수 있으나, 출가 사문은 계율을 어긴 허물이 있다면 그는 승가지도자가 될 수 없다. 출가 사문이 계율을 어겼다면, 그 자체로 지도력을 상실하기 때문이다.

이러한 승가의 불문율에도 불구하고, 종종 지계(持戒)가 아닌 세속적 능력이 승가지도자의 자격기준으로 오인되기도 한다. 출가의 오램, 세간의 명성, 권속의 많음, 잘 얻는 능력 등이 그러하다.

"출가한지 오래된 구참(久參) 장로라는 이유 때문에 사람들은 그의 삿된 견해를 본받는다. 그가 잘 알려졌고 명성을 가져서 재가와 출가를 다 포함하여 많은 사람들에게 에워싸여 있다는 이유 때문에 사람들은 그의 삿된 견해를 본받는다. 그가 옷과 탁발음식과 거처와 병구완을 위한 약품을 잘 얻는다는 이유 때문에 사람들은 그의 삿된 견해를 본받는다." (AN5:88)

[삿된] 견해를 가진 지도자와 그를 본받는 대중은 불법(佛法)이 아닌 불법(不法)에 머무르는 결과를 초래할 수밖에 없다. [삿된] 견해를 가진 장로 비구는 대중에게 손해가 되고 불행이 되고, 인간들에게 해로움이 되고 괴로움이 되는 것이다.

하지만 출가한 지 오래 되었고, 세간의 명성이 높고, 권속이 많고, 잘 얻는 능력이 있는 장로 비구가 [바른] 견해를 가졌다면, 그는 대중으로 하여금 잘못된 법에서 벗어나 정법에 머무를 수 있게 만든다. [바른] 견해를 가진 장로 비구는 대중에게 이익이 되고 행복이 되고, 인간들에게 이로움이 되는 것이다.

이는 불교의 사부대중이 승가지도자를 선택함에 있어서는 세속적 능력이 아닌 출가 사문으로서의 범행(梵行)에 우선적인 기준을 두어야 함을 의미한다. 승가지도자는 세속적 이득과 존경과 명성에 집착하지 아니하여야 하며, 삿된 소원을 가지지 않은 수행자이어야 한다. 즉 출가 사문으로서 그리고 수행자로서 무엇보다 [바른] 견해를 가지고, 시작도 훌륭하고 끝도 훌륭하며, 의미와 표현을 구족하고, 더할 나위 없이 완벽하고 지극히 청정한 범행을 실천하는 출가 사문이 승가지도자가 되어야 하는 것이다.

05

사찰경영, 부처님 법대로 하면 잘된다

사찰의 법

여법(如法)

1. 사찰성장은 양적 성장과 질적 성숙의 조화

양적 성장은 신도 수 증가와 외형 확대
질적 성숙은 기도·수행과 포교·봉사
한국교회의 양적 성장주의를 반면교사로 삼아야

많은 불교교역자들이 사찰성장의 문제로 고심하고 있다. 교회에서 하듯이 문 앞에 전단지를 걸어둘까, 길거리 포교를 해볼까 등의 고민도 한다. 그런데 반추해보면, 이러한 고민들은 대개 알게 모르게 신도 수의 증가 자체를 궁극적인 목적으로 삼고 있다. 즉 사찰성장이 양적 성장이라고 여기고 하는 고민들인 것이다. 아마도 대부분의 사람들 역시 '사찰성장'이라고 하면 신도 수의 증가와 같은 양적 성장을 먼저 연상할 것이다.

필자 역시 사찰성장의 기본전제는 신도 수의 증가임을 부인하지 않는다. 뭇 중생들이 부처님의 가르침을 듣고 배우고자 사찰을 일단 찾은 연후에야 비로소 불자로서의 성숙도 따를 수 있기 때문이다. 다만, 오늘 필자는 사찰을 성장시키고자 함에 있어서 양적 성장에만 경도되어 기도와 수행 그리고 포교와 봉사 등과 같은 불자로서 보다 본질적인 성장인

질적 성숙을 가벼이 여기거나 소극적으로 접근하는 오류를 범해서는 안 됨을 주지시키고자 하는 것이다.

사찰성장이라는 용어는 양적 성장과 질적 성숙을 동시에 의미하는 것으로 봄이 타당하다. 언급하였듯이, 사찰성장이라 하면 양적 성장으로만 여기는 경우가 많으나 이상적인 사찰성장을 위해서는 양적 성장과 질적 성숙이 병행되어야 하기 때문이다.

이제 양적 성장과 질적 성숙이 무엇인지에 대하여 구체적으로 알아보는 것이 필요하겠다. 먼저, 양적 성장이란 개체 사찰의 신도 수의 증가와 그리고 이에 수반되는 사찰의 외형 규모 확대 등을 말하는 것이라 할 수 있다.

신도 수의 증가는 근본적으로는 기존 불자가 부처님의 가르침을 널리 세상에 홍포(弘布)함에 따라 새로운 신도가 늘어나면서 이루어진다. 이러한 성장을 종교학계에서는 생물학적 성장, 전입성장, 회심성장 등 3가지의 유형으로 분류한다.

생물학적 성장(biological growth)은 부모의 종교를 계승해서 자녀가 자동적으로 불자가 됨에 따라 신도 수가 늘어나는 것이다. 그런데 지금 우리나라는 저출산문제로 비상이 걸려 있다. 평균 출생아의 수가 해마다 줄고 있는데, 1970년에는 100만 7천 명으로 전체 인구 대비 4.53%이었던 것이, 점점 줄어들어 2003년에는 1.19%인 49만 3천 명, 2020년에는 38만 명, 2050년에는 22만 9천 명으로 줄어들 것이라고 통계청은 추산하고 있다. 이와 같이 평균 출생아의 수가 감소하는 상황에서는 당연히 향후 불자 수의 감소도 초래된다고 보는 것이 논리적인 판단이다. 게다가 생물학적 성장은 간혹 국가의 정상적인 인구증가율에도 미치지 못할 수 있다.

왜냐하면 일부 자녀들은 신심이 두터운 불자가 되나, 일부 자녀들은 성장하면서 다른 종교를 갖게 되거나, 결혼을 통해 다른 종교 공동체에 흡수되어 버리기 때문이다. 그러므로 만일 사찰이 생물학적 성장에만 전적으로 의존한다면, 이 세상에서 불자의 비율은 점점 더 낮아질 여지가 많다.

전입성장(transfer growth)은 다른 사찰의 기존 불자가 이사 또는 특정 사찰에 대한 선호 때문에 사찰을 옮겨옴으로써 신도 수가 늘어나는 것이다. 그런데 전입사찰에서는 신도의 수가 증가하겠지만 전출사찰에서는 그만큼 감소하기 마련이다. 전입성장은 일면 다른 사찰의 희생으로 이루어지는 사찰성장이라는 의미가 있다. 필자는 불교계의 전입성장 현황을 조사한 바 있다. 630명의 사례를 대상으로 한 조사에서 현 사찰에 다니기 전 종교 배경을 물었는데, 조계종의 다른 사찰이라고 응답한 경우가 275명으로 43.7%에 이르렀다. 그런데 이러한 전입성장은 신도가 전입한 단위 사찰로 보아서는 성장한 것이나, 전체적인 불교 교세로 보아서는 성장한 것이라고 할 수 없다. 그렇기 때문에 개별 사찰의 불교교역자들은 전입성장으로 인한 단위 사찰 신도 수의 증가에 매혹되어서는 안 된다.

회심성장(conversion growth)은 비불자가 마음을 돌이켜[回心] 삼보에 귀의하여 신도가 되는 것으로 가장 추구해야 할 사찰의 성장형태라 할 수 있다. 이 회심성장은 부처님의 가르침을 접한 사람이 근본적으로 마음을 돌이킬 때 나타나는 현상이다. 사찰은 포교[부처님의 가르침을 전하는 것]를 통한 성장을 당위로 하여야 하기 때문에 우선적으로 회심성장에 힘써야 한다. 그런데 사찰의 입장에서는 동시에 이교도의 회심 선교로 인한 불자 수의 감소도 고민하여야만 한다. 이와 같은 회심에 의한 감소는 주로 깊지 않은 신심 또는 사찰과 스님에 대한 낙심에 기인한다고 볼 수 있으며, 명목뿐인 불자들의 경우 쉽게 회심의 대상자가 될 수 있음을 유의하여야 한다. 불자의 33.1%가 연 1~2회 정도만 사찰의 종교 활동에 참여하고 있으며, 자신이 불자라고 생각하면서도 전혀 참여하지 않는 사람도 22.1%에 달한다는 통계청의 조사 자료는 타종교로 전향할 회심의 대상자가 될 수 있는 불자가 많음을 시사해주고 있다.

이제는 질적 성숙에 대하여 이야기해보도록 하자. 질적 성숙이란 신도 개인의 신행적 성숙을 기반으로 하여서 사부대중과 사찰이 종교적 성숙을 이루는 것이라 하겠다. 이에 질적 성숙은 개인차원, 대중차원, 지역차원의 성숙으로 구분하여 볼 수 있다.

개인차원 성숙은 신도 개인이 부처님의 가르침을 배우고 실천하여 신행적으로 성숙하는 것을 의미한다. 이는 다른 성장·성숙의 전제가 된다. 개인이 질적으로 얼마나 성장할 수 있는가를 알기 위한 기준으로는 경전 공부, 수행, 법회 참석, 포교, 사회봉사 활동, 사찰봉사 활동, 소모임 활동 등을 들 수 있겠다. 물론 이러한 형태의 기준을 가지고 개인의 질적 성숙을 측정하는 것은 사찰의 지역적인 특성과 환경에 따라 다소 차이가 있을 수 있다. 하지만 개인의 질적 성숙을 측정하기에 이 기준들은 최소한의 공통성을 가질 수 있는 지표라 하겠다.

대중차원 성숙은 사부대중이 함께 신행 공동체로서 성숙해가는 것을 의미한다. 개인차원의 성숙을 기반으로 사부대중이 함께 부처님의 가르침을 배우고 더욱 수행에 정진하면서 화합하게 될 때 이루어질 수 있는 성숙이다. 현대사회에서 사찰은 출가자와 재가자의 이분법적 구조에서 벗어나 사부대중이 함께 수행하고 포교하는 신행 공동체로서의 활동이 강조되고 있다. 이는 사찰이 사부대중이 함께 삶의 보람과 인생의 진정한 가치를 실현할 수 있는 장이 될 때 가능하다. 특히 신행의 목표와 성취감을 얻을 수 있는 사찰 내의 활동과 대사회적 활동이 부과되어야만 신행 공동체로서 사부대중이 성장할 수 있을 것이다.

지역차원 성숙은 사찰이 해당 지역과 더불어 성장하는 것이다. 사찰은 그 지역에 살고 있는 주민과 더불어 존재한다. 그러므로 지역 주민에게 인정을 받지 못하는 사찰은 지역에서 지속적인 성장을 할 수가 없다. 즉 사찰은 사찰다운 모습을 그 지역 주민들에게 보여줄 때 지역의 구성원으로서 성장할 수 있는 것이다. 그러기 위해서는 사찰 내부의 질적 성숙에서 나아가 사찰 외부에서 지역 사회의 일원으로 보다 적극적으로 봉사하여야 한다. 사회봉사는 자비와 이타행의 실천으로 진정한 사찰다운 모습을 보여주는 것이다. 더불어 지역 공동체의 일원으로서 사찰의 일부시설을 개방하여 비불자도 쉽게 사찰에 출입할 수 있도록 하는 것이 필요하고, 지역행사에도 사찰이 참여하여 거리감을 좁혀 나가는 것도 중요하다. 사찰이 그 지역사회의 공동체로서 공헌할 수 있을 때 건실한 사찰성장이 이루어진다.

이와 같이 사찰이 양적 성장과 질적 성숙에 기반을 둘 수 있게 되었다면, 그 다음 단계로 보다 이상적인 사찰로의 성장을 추구하여야 한다. 여기에서 말하는 이상적인 사찰성장은 넓으면서도 깊으면서도 높으면서도 오래가는 성장을 의미한다.

먼저, 넓은 성장은 사찰이 지리적으로 곳곳에 자리 잡아야 한다는 것으로 양적 성장에 해당한다. 사찰은 부처님의 가르침에 따라 화합하며 살아가는 사람들의 공동체이기 때문에 갈등이 만연한 시대에 있어 전 세계적으로 넓게 성장하여야 한다는 것이다.

깊은 성장은 불자의 불교 지식과 체험이 깊게 성숙하여야 한다는 것으로 질적 성숙에 행당한다. 부처님의 생애, 불교 교리, 불교사, 사찰 역사와 같은 불교 지식에 있어서 더 깊이 성숙하는 사찰이 되어야 한다. 그리고 보다 근본적으로 수행적 체험을 더욱 깊이 하는 성숙이 있어야 한다. 여기서 체험이라는 것은 부처님의 가르침을 실천하여 일상적인 삶 속에서 진리를 이해하고 체득하는 체험을 의미한다.

높은 성장은 불자의 삶이 윤리적인 면에서 의롭고 고결한 삶을 영위하도록 질적으로 성숙하는 것을 의미한다. 불자의 삶이 진실로 부처님의 제자답게 되도록 성숙해가야 하는 것이다. 사찰이 이 세계에서 불국정토의 현시적인 모델로서 존재하는 것이라면, 이에 걸맞는 높은 윤리수준의 공동체가 될 수 있도록 성숙해야만 한다.

오랜 성장은 사찰성장이 양적·질적으로 오랜 기간 지속될 수 있어야 함을 의미한다. 역사적으로 볼 때, 한순간 잠시 존재했다가 쇠퇴한 사찰들이 많았다. 사찰은 일체중생이 무명에서 벗어나 깨달음을 얻기까지 부단히 성장해갈 수 있어야 한다. 사찰이 장구하게 성장하지 못하는 이유는 양적 성장과 질적 성숙의 균형을 이루지 못하고 한쪽으로 치우치기 때문이다. 사찰은 양적 성장과 질적 성숙이 균형을 이루며 넓게, 깊게, 높게 성장해감으로써만이 오래 성장할 수 있는 것이다.

그런데 불교계가 양적 성장과 질적 성숙이 균형을 이룬 이상적인 사찰성장을 도모하기 위해서는 기독교의 현재 상황을 반면교사(反面教師)로 삼을 필요가 있어서 부득불 언급하고자 한다. 한국교회가 선교 100여 년에 불과한 짧은 역사에도 불구하고, 세계 교회사에서 그 유례를 찾기 어려운 급성장을 거듭해왔음은 주지의 사실이다. 특히 1970년대 이후 한국교회는 괄목할만한 양적 성장을 이룩하였다. 세계에서 가장 큰 교회, 장로교·감리교·침례교 등 각 교단에서 가장 큰 교회가 한국에 있다. 심지어 수십만 명의 등록교인을 가진 교회가 있기도 하다. 이러한 한국교회의 급성장에는 경제성장과 더불어 미국교회의 양적 성장운동과 양적 성장이론이 큰 영향을 미쳤다. 그러나 한국교회는 1990년대 들어 양적 성장이 둔화되거나 정체되기 시작하면서, 그동안 양적 성장에 가려져 왔던 적지 않은 문제점들을 노출하고 있다. 물량주의와 양적 성장 제일주의, 교회 내부는 물론 교회 밖에서도 논란이 되고 있는 담임목사직 세습, 교회 재정의 유용, 금권선거, 도덕적 해이 등의 문제가 그것이다.

이에 따라 최근 한국교회 성장에 큰 영향을 미친 양적 성장주의가 비판을 받고 있다. 한국교회 성장의 주요인으로 간주되던 양적 성장운동과 그 이론이 이제는 성장둔화의 요인으로 지적받기에 이른 것이다. 교회의 양적 성장운동은 외형적 성장만을 추구하여 기독교 진리를 희석하며 성숙치 못한 교인들을 양산했다는 것, 교회가 기업체와 같은 세속적 조직체가 되고, 이기적인 개별교회주의, 그들의 신인 하나님보다 교회 자체를 우선시 하는 교회지상주의를 초래했다는 것, 양적 성장과 질적 성숙이 심각한 불균형 상태에 있다는 것 등이 비판자들의 지적이다.

불교계는 포교방법과 사찰경영 같은 양적 성장을 위한 고민을 함에 있어서 한국교회의 양적 성장 중심주의로 인한 여러 문제들을 분석하여 유사한 시행착오를 피하는 것이 현명하다. 이를 위해서는 한국불교가 양적 성장을 시도하기 전에 질적 성숙에 대한 고민을 먼저 하고 사찰성장을 추구하겠다는 인식을 가져야 한다.

한국불교가 현재의 성장 정체기에서 벗어나 새로운 도약을 하기 위해서는 사찰성장 패러다임을 양적 성장과 질적 성숙을 함께 추구하는 이상적 성장으로 설정하여야 하는 것이다. 즉 사찰의 외부적으로는 지속적인 포교로 신도를 양성하고, 불자가 된 사람들에 대해서는 신행적인 성숙을 이끌어주면서, 넓고 깊고 높고 오래가는 성장을 해야 하는 것이다.

2. 사찰성장의 원리

사찰성장의 방법에 앞서 원리를 고민하자
주지 리더십, 신도참여, 법회역동, 전법도생, 사찰경영의 원리

우리는 사찰을 성장시키고자 하는 원력을 가진 스님들을 주변에서 어렵지 않게 찾아 볼 수 있다. 그런데 그 대부분의 스님들이 사찰성장을 위한 방법론에 집착하고 있음도 더불어 발견하게 된다. 하지만 사찰성장을 추구함에 있어서 그 방법론만을 최선으로 삼는 것은 자칫 위험할 수 있다. 어느 사찰에서 급성장을 가능하게 한 방법이 제반 여건이 다른 사찰에서 효과적이라는 보장이 없기 때문이다. 그러나 원리는 다르다. 원리는 '사물이 근거로 하여 성립할 수 있는 근본이치'를 말한다. 그러므로 사찰성장의 원리란 시간적으로는 초전법륜 당시나 현대사회나 변함없이 효과를 나타내는 원리이며, 공간적으로는 동양과 서양, 대형사찰과 소형사찰을 막론하고 다 적용될 수 있는 원리이다. 사찰성장의 원리에 충실하면 사찰은 반드시 성장할 수밖에 없다. 오늘 사찰성장의 원리로 제시하고자 하는 것은 주지 리더십의 원리, 신도참여의 원리, 법회역동의 원리, 전법도생의 원리, 사찰경영의 원리 등 다섯 가지이다.

'주지 리더십의 원리'란 사찰성장은 주지의 리더십에 달려있다는 것이다. 주지는 사찰성장의 지도자이기 때문이다. 지도자는 조직을 지도하는 직무를 가진 사람을 말하며 추종자에 의해 선택된 사람을 의미한다. 지도자는 리더십을 가지고 조직이 가지고 있는 공동의 목표로 구성원을 이끌어가야 하며 조직의 궁극적 목적을 명확히 파악해야 한다. 또한 지도자는 조직을 유지하고 융화하기 위한 관리자가 되어야 한다.

이를 위해서 주지는 신도를 헤드십(headship)이 아닌 리더십(leadership)으로 이끌어야 한다. 리더십이란 구성원으로 하여금 자발적으로 조직이 지향하고 있는 목표에 대하여 능동적으로 대처하게 하는 것인데 반하여 헤드십은 강제적 권위를 앞세워 구성원을 복종시키는 것이다. 우리는 간혹 지도자가 리더십을 갖추지 못한 채 헤드십으로 구성원들에게 복종을 강제하는 경우를 볼 수 있다. 하지만 자발적 순종이 아닌 강제적 복종의 관점에서는 지도자는 강제를 할 수 있던 힘을 상실하게 되면 더 이상 구성원을 구속할 수 없게 된다. 더욱이 주지는 정신적 지도자이기 때문에 강제적 복종을 강요하는 헤드십이 아닌 자발적 순종을 유도할 수 있는 리더십을 발휘할 수 있어야 한다.

리더십을 갖추기 위해서는 주지가 자신의 리더십 개발에 최선을 다해야 한다. 리더십을 타고난 주지라면 더욱 유리하다. 하지만 그러한 주지라 할지라도 최선을 다해 자기개발에 박차를 가해야 한다. 자기개발의 네 가지 사이클은 태도, 지식, 훈련, 기술이라 할 수 있다. 주지는 긍정적이고 적극적인 태도를 늘 유지해야 한다. 지도자의 가장 큰 특징은 쉽게 절망하거나 포기하지 않는 것이다. 미래에 대해 낙관하며 비전과 꿈과 환상에 사로잡혀야 한다. 주지는 정확한 정보와 지식을 가져야 한다. 주변 환경의 변화에 대한 추세를 알고 있어야 미래를 대비할 수 있기 때문이다. 그러므로 주지는 끊임없이 독서하여 새로운 지식을 축적하여야 한다. 또한 경전에 관한 한 최고의 전문가가 되어야 한다. 주지는 원리와 방법론을 끊임없이 실행하고 실천해서 자신을 훈련해야 한다. 공부만 하고 말만 해서는 안 된다. 그것을 사찰 현장에서 행해야 하고 적용해야 한다. 주지는 종무행정 기술을 고품질로 높여야 한다. 특히 조직을 관리하고, 설법을 잘하고, 사람들을 배치시키고 활용하는 기술이 탁월해야 한다. 긍정적 태도, 정확한 지식, 철저한 훈련, 그리고 탁월한 기술은 사찰성장형 불교리더십을 개발하는 핵심요소라 할만하다.

'신도참여의 원리'란 주지 혼자서 일하지 않고 가급적 모든 신도가 사찰 일에 참여하는 사찰이 성장한다는 것이다. 주지 혼자서는 사찰성장이 불가능하다. 아무리 위대한 리더십을 가진 주지일지라도 반드시 신도의 협력과 참여가 따라야 한다. 신도를 구경꾼이 아니라 일꾼으로 만들고, 참석자가 아니라 교역자로 만들 수 있는 사찰이 성장한다. 모든 신도가 교역자가 되어야 한다. 주지가 전임(full time) 교역자라면 신도는 시간(part time) 교역자라고 할 수 있다. 신도는 무한한 잠재적 능력을 소유하고 있다. 사찰의 모든 신도를 단지 법회 참석자가 아니라 교역자와 지도자로 참석하게 한다면 모든 사찰이 달라질 것이다. 신도를 지도자로 만들어 교역에 투입하는 신도 교역에 대한 관심은 앞으로 갈수록 증대되고 강조될 수밖에 없다. 신도를 활용하지 못하는 사찰은 희망이 없기 때문이다. 그리고 신도를 적극적인 교역자와 지도자로 만드는 일차적 책임은 물론 주지에게 있다.

'법회역동의 원리'란 법회가 성공적이기 위해서는 법회에 생명력이 있어야 한다는 것이다. 법회는 사찰성장의 첫걸음이라고 할 수 있다. 법회는 신도들만 참석할 것이 아니라 비신도도 참석하는 시간이 되어야 한다. 법회는 비신도를 포교하여 사찰에 소속시킬 수 있어야 한다. 그리고 법회에 처음 참석하는 사람이 다시금 찾을 수 있는 법회를 봉행해야 한다. 초심자가 사찰을 선택하는 데에 가장 중요한 요소는 법회 체험이다. 그들이 처음 참석했을 때 법회가 지루하고, 법문이 실제의 삶과 무관하고, 불사금만 강조하면 다시는 사찰에 나오지 않을 것이다. 그러므로 사찰성장을 원한다면 초심자가 좋아하는 법회가 되도록 힘써야 한다.

그러기 위해서는 무엇보다 법문이 탁월한 법회를 봉행해야 한다. 초전법륜이래 법회에서 가장 영향을 미치는 요소는 법문이다. 법문은 법회의 꽃이라고 할 수 있다. 사람들이 사찰을 선택하는 첫 번째 요소도 법문이지만 사람들을 사찰로부터 멀어지게 하는 첫 번째 요소도 법문임을 인지하여야 한다. 사찰성장에 도움이 되는 법문이 되기 위해서는 경전적이면서도 실제적이며, 재미가 있으면서도 의미가 있어야 하고, 단순하면서도 수준이 있는 것이어야 한다.

'전법도생(傳法度生)의 원리'란 전법(傳法)을 통하여 양적으로 성장하고 도생(度生)을 통하여 질적으로 성장하는 사찰이 성장한다는 것이다.

먼저, 양적으로 성장하기 위해서는 열린 법회를 봉행해야 한다. 사찰 안의 사람들 위주에서 사찰 밖의 사람들 위주로 법회 대상의 관점을 바꾸어야 한다. 열린 법회를 위한 노력의 일환이 일부사찰에서 시행하고 있는 법회 시간의 다양화다. 법회는 보통 오전 10시에 봉행된다. 하지만 현대인들은 더 이상 농업국가에서 살고 있지 않다. 우리는 오늘을 살아가는 사람들에게 가장 적합한 시간에 법회를 선택해서 드릴 수 있도록 배려를 할 필요가 있다. 다시 말해 사람들의 생활양식을 이해하고 존중하는 포교 전략이 필요하다.

그리고 질적으로 성숙하기 위해서는 수행과 기도하는 사찰을 만들어야 한다. 사찰성장은 종교적 성숙의 결과라 할 수 있으며, 종교적 성숙은 수행이 최우선이 되어야 한다. 싯다르타가 세속의 왕위를 버리고 출가해 6년간 혹독한 고행을 거듭했지만 깨달음을 얻지 못하다가 보리수 아래서 이 자리에서 위없는 깨달음을 얻지 못한다면 끝끝내 일어서지 않으리라는 다짐으로 참선에 들어 붓다가 된 이후부터, 수행은 사찰성장의 원천이 되는 것이었다. 사찰성장 원리의 표면에서 이면으로 더 깊이 들어갈수록 깨닫게 되는 것이 수행의 중요성이다. 사찰의 실질적 성장은 종교적 성숙이며, 이 때 가장 중요한 것이 바로 수행이라는 것이다. 그러므로 사찰성장을 원한다면 모든 신도가 수행하는 삶을 살도록 이끌어야 한다.

마지막으로 '사찰경영의 원리'란 사찰을 조직체로 이해하고 사찰을 발전시키도록 경영을 할 때 사찰성장이 가능하다는 것이다. 사찰은 종교적 유기체이면서 동시에 인적 조직체이다. 종교적 관점에서는 교역을 잘 해야 하고, 조직적 관점에서는 사업을 잘 해야 한다. 그러므로 사찰성장형 주지는 교역을 위한 신행 지도뿐만 아니라 사업을 위한 경영에도 유능해야 한다. 주지는 수행자일 뿐만 아니라 경영자인 것이다. 현대사찰은 갈수록 경영개념이 요청되고 있다.

사찰의 경영을 위해서는, 무엇보다 기획과 목표를 설정하고 사찰을 운영해야 한다. 조직경영에 있어 가장 중요한 것이 기획과 목표설정이다.

기획하는 사찰은 기획하지 않는 사찰보다 더 성장할 수 있다. 현대조직에 있어서 기획하지 않는 것은 실패를 기획하는 것과 다르지 않다. 기획은 비전을 낳고 비전은 목표를 설정하게 하고 목표는 그 목표를 달성하기 위한 전략을 요구한다. 목표설정과 사찰성장은 매우 밀접한 상관관계를 갖는다. 좋은 목표를 설정해서 성취하는 것은 사찰을 성장시키고 부흥시키는 데에 필수적이라고 할 수 있다. 좋은 목표는 사찰의 목적과 필요에 구체적인 관련이 있어야 하고, 숫자나 결과로 확인될 수 있어야 하며, 실현 가능한 것이어야 하고, 일정한 기간 안에 마치겠다는 기한성이 분명한 것이어야 한다. 또한 사찰경영을 위해서는 기획·목표설정과 함께 재정과 인력의 효율적인 관리가 필요하다.

하지만 이러한 조직 시스템과 함께 고려되어야 할 것이 시설과 설비이다. 아무리 법문이 좋아도 음향시설이 좋지 않아 기계 잡음이 나오면 법문의 가치는 저하된다. 음향시스템과 조명 같이 사소한 것이지만 법회 분위기를 결정적으로 바꿀 수 있는 것에도 신경을 써야한다. 비신도와 초심자를 위해서 가장 만족스러운 정신적 가치를 느끼게 해주겠다는 사찰 경영철학이 있어야 사찰을 성장시킬 수 있다.

상기한 주지 리더십의 원리, 신도참여의 원리, 법회역동의 원리, 전법도생의 원리, 사찰경영의 원리 등 다섯 가지의 사찰성장 원리를 철저히 고민하게 되면 그 원리를 구성하는 네 가지 개념이 살아나게 된다. 즉 가치(values)와 사명(mission)과 비전(vision)과 전략(strategy)이라는 사찰경영의 근본 개념이 떠오를 수 있다. 원리를 내 것으로 하기 위해서는 이 네 가지 사찰경영 개념을 명확하게 이해하는 것이 필요하다.

가치란 행동을 결정하는 핵심적 신념이다. 내가 행동을 하는 이유는 그 행동이 가치 있기 때문이다. 가치가 없다면 행동하지 않는다. 그러나 내가 가치 있다고 믿으면 다름 사람이 무엇이라고 생각하든지 나는 행동하게 된다. 사찰성장에 가치를 두는 주지는 사찰성장을 소원하고 행동하고 자신을 희생할 것이다. 가치는 모든 결정과 선택을 주관하는 원동력이다.

사명이란 가치를 느껴 행동하는 내용 그 자체이다. 부처님의 전도부촉이라는 가치 때문에 사찰을 창건한다면, 그 사찰이 할 일, 예를 들어 수행과 전법이 바로 그 사찰의 사명이다. 사명은 모든 목표와 행동을 포함하기 때문에 전반적이며, 한 두 마디로 표현할 수 있기 때문에 간결한 것이 특징이다. 가치가 왜 하느냐에 대해 대답해준다면, 사명은 무엇을 해야 하느냐에 대해 답해 준다.

비전이란 사명이 이루어진 모습이다. 비전이란 할 수 있고 또 해야만 하는 사명의 미래 모습으로서 명확하고 도전적인 청사진이다. 명확하기 때문에 이해할 수 있어야 하며, 도전적이기 때문에 사람들을 움직일 수 있어야 하고, 청사진이기 때문에 희망을 줄 수 있어야 한다. 사명이 일반적이라면, 비전은 구체적이다. 사명이 행하는 것이라면 비전은 보는 것이다.

전략이란 가치에 의해 주어진 사명과 사명에 의해 그려진 비전을 이루는 방법이요 과정이다. 사명과 비전이 없이도 전략은 있을 수 있다. 그러나 그것은 말이 없는 마차에 불과하다. 전략이란 도구요 수단이기 때문이다. 가치가 왜(why)에, 사명이 무엇(what)에, 비전이 어디에(where)라는 질문에 대한 답이라면 전략은 어떻게(how)라는 질문에 대한 답이 된다. 가치와 사명과 비전과 전략 이 네 가지는 사찰성장을 추구하는 주지가 한번 심도 깊게 생각해보아야할 사찰경영의 개념이다.

3. 의사소통이 사중화합과 사찰성장 담보

의사소통과 의사전달은 다른 것
의사소통은 윗사람의 열린 마음이 중요

오늘을 살아가는 사람들은 누구나 의사소통을 중요하게 인식한다. 현대사회의 주요 문제인 사회갈등의 기저에는 의사소통의 부재가 자리하고 있다. 층간소음과 주차문제 등으로 인한 이웃과의 갈등, 기성세대와 신세대 간의 의견 차이로 발생하는 세대갈등, 노동자와 기업 간 요구나 욕구의 충돌로 인한 노사갈등 등은 모두 의사의 불통이 원인으로 작용하고 있다.

일반인들에게 있어서 사찰은 이러한 갈등과는 거리가 먼 평온한 화합의 공간으로 여겨지고는 한다. 사람들은 사찰이라고 하면 우선 산새가 지저귀고 계곡물이 흐르는 고즈넉하고 평화로운 자연을 떠올린다. 그리고는 법담(法談)과 덕담(德談)이 흐르는 정겨운 모습을 연상한다. 하지만 사찰도 다양한 사람들이 모인 장소이기에 실제로는 이러저러한 갈등들이 존재한다. 때로는 승가(僧伽, saṃgha)의 어원이 화합이라는 것이 무색할 정도의 갈등이 노정되기도 한다.

사찰은 깨침의 길, 진리의 길을 함께 가는 '길동무[道伴]'의 모임이요, '좋은 벗[善友]'의 무리이며, 불교의 이상인 깨침과 자비의 실현을 위해 모인 자발적인 신행 공동체로서 우유와 물이 한맛[一味]이 되는 화합을 생명으로 하여야 한다.

《증지부(增支部)》는 '세상의 일들을 함께 하고 서로 위로하고 다툼이 없으며 우유와 물이 화합하듯 자비의 눈을 갖고 사는 비구의 모임을 화합된 무리라 하며, 이러한 부처님의 교단은 세상 사람들의 위없는 복밭이니라'라고 승가 화합을 강조하고 있다.

그리고 승가 화합의 구체적인 방법으로 계(戒)·견(見)·이(利)·신(身)·구(口)·의(意)의 화합인 이른바 육화경(六和敬)을 제시하고 있다. '여기 기억하고 사랑하고 존중해야 할 여섯 가지 화합하는 방법이 있다. 이 법에 의하여 화합하고 다투는 일이 없도록 하여라. 첫째, 같은 계율을 같이 지켜라. 둘째, 의견을 같이 하라. 셋째, 받은 공양을 똑같이 수용하라. 넷째, 한 장소에 같이 모여 살아라. 다섯째, 항상 서로 자비롭게 말하라. 여섯째, 남의 뜻을 존중하라'이다. 그런데 이 육화경의 조목은 모두 의사소통을 전제로 하고 있다. 같은 계율을 같이 지키고, 의견을 같이 하고, 받은 공양을 똑같이 수용하고, 한 장소에 같이 모여 살고, 항상 자비롭게 말하고, 남의 뜻을 존중한다는 것은 그를 실천하기 위한 상호간 소통이 우선 이루어져야 한다.

그런데 사찰의 의사소통은 승가에만 필요한 것이 아니다. 사찰은 스님만의 수행과 생활을 위한 전유 공간이 아닌 스님과 신도의 공존과 공유의 공간이다. 사찰의 화합은 승가뿐만 아니라 사중의 차원에서 요청되는 것이다. 이러한 필요와 요청에도 불구하고 사찰에는 의사의 불통이 심각하게 대두되고는 한다. 그 중에서도 스님과 신도 간 불통은 아예 매너리즘(mannerism)이 되어버린 지경이다. 스님과 신도 사이에 의사소통이 아닌 의사전달이 이루어지고 있음에도 불구하고 양자간에 의사소통이 원활하다고 생각하고 있는 것이다.

의사전달과 의사소통은 다르다. 의사소통이란 하나의 과정으로서 전달의 과정뿐만 아니라 변화의 과정을 포함하여야 한다. 의사소통은 인간관계의 과정이며 영향력을 주는 형태이다. 즉 의사소통이란 전달자와 수신자 사이의 상호인격적 작용을 통하여 메시지를 이해하고, 의사를 수용하며, 나아가서 수신자의 변화를 기대하는 총체적 과정을 의미한다.

스님과 신도 간 의사의 불통을 제대로 이해하기 위해선 의사소통과 의사전달을 혼돈해서는 안 된다. 양자간 의사소통의 현실들 들여다보면, 스님이 매양 신도에게 자신의 의사를 지시하거나 전달하는 수준의 모양새다. 이는 의사전달이지 의사소통이 아니다. 의사소통은 쌍방향으로 이루어지나 의사전달은 일방향으로 이루어진다. 그렇기 때문에 전자는 서로가 공감하여 화합할 수 있으나, 후자는 서로에 대한 공감이 부족하여 불화가 발생한다.

그렇다면 사찰에서의 바람직한 의사소통은 무엇일까? 의사소통이란 언어, 문자, 그리고 표시로 전달하고 또한 그것을 받아들여 서로 이해할 수 있게 됨을 의미한다. 그런데 의사소통에서 중요한 사실은 단순히 의사·정보·지식을 전달하는 것이 아니라 전달자가 의도하는 변화를 초래할 수 있어야 한다는 것이다. 다른 사람에게 의사를 전달하려고 노력한 것만으로 의사소통이 되었다고 인정할 수는 없다. 말을 전달하고 메모나 메시지를 남겨둔 것으로 완전한 의사소통이 되었다고 보는 것은 무리다. 그것은 의사전달에 지나지 않는다.

의사소통은 아랫사람보다는 윗사람의 마음의 중요하다. 윗사람이 아랫사람의 이야기를 듣겠다는 자세를 가지고 있어야 한다. 사찰에서는 스님이 신도의 이야기를 듣고 생각을 이해하겠다는 마음과 자세를 갖추어야 하는 것이다. 이를 달리 표현하면 스님이 총명(聰明)해져야 하는 것이다. 총명은 귀가 밝고 눈이 예민하다는 의미이지, 말을 잘하거나 말이 많음을 의미하지 않는다. 인천(人天)의 스승인 스님은 총명해야 한다. 스님은 신도에게 말하고 지시하기를 앞서 신도의 이야기와 생각을 듣고 보는 것을 우선해야 한다.

의사소통은 화합뿐만 아니라 성장에 있어서도 필수불가결한 요소이다. 우리는 의사소통이 이루어지지 않는 조직은 갈등을 겪을 수밖에 없고 그로 인하여 성장할 수도 없음을 잘 안다. 사찰에서도 스님과 신도가 의사를 소통해야 화합할 수 있는 것이고 화합해야 사찰이 성장할 수 있는 것이다.

그렇다면 의사소통은 어떻게 사찰성장을 이끄는가? 의사소통은 공감대 형성, 갈등 예방과 갈등 해소, 참여의식 제고 등의 기능으로 사찰성장을 이끌 수 있다.

첫째, 의사소통은 공감대를 형성해준다. 사찰이 성장하기 위해서는 신도 개개인의 노력을 한 방향으로 통합시켜야 하는데 이때 의사소통은 중요한 기능을 담당하게 된다. 개개인으로서의 신도는 저마다의 개성과 특성을 소유하고 있기 때문에 동일한 사안이라고 하더라도 대하는 태도와 대처하는 방법은 천차만별이다. 이러한 천차만별의 사람들을 공동의 관심사로 유도하기 위해서는 다각적인 의사소통이 필요하다.

스님은 중요 사안을 전체 신도 앞에 공지하고 그 사안을 설명하고 공동의 이해를 증진시키기 위해 노력하여야 한다. 만일 스님이 중요 사안을 공개하지 않고 비밀리에 처리한다면 신도는 사찰 일에 관심을 가질 수가 없다. 사찰은 군대와 같은 강제성이 발휘되는 조직체가 아니다. 사찰은 자발성이 충분히 발휘되어야 하는 조직체다. 그렇기 때문에 자발성을 고취시키기 위해서 의사소통이 스님과 신도 사이에 이루어져야 한다.

둘째, 의사소통은 갈등을 예방하고 해소해준다. 인간이 모여 만든 조직이면 어느 조직이든지 갈등의 문제는 있게 마련이다. 사찰은 상하의 계급적 질서가 있는 조직이 아님에도 불구하고 실제적으로는 이러한 질서가 존재한다. 이러한 사찰의 특성 때문에 조직 내부에 갈등이 표출되기도 한다. 갈등이 야기되면 상처를 받는 개인이나 집단이 생길 수 있다. 하지만 활발한 의사소통은 사찰 내 지위 혹은 계층 간 갈등의 요소를 사전에 제거해주고나 발생한 갈등을 해결해 줄 수 있다.

셋째, 의사소통은 참여의식을 제고시킨다. 사찰에서 충분한 의사소통은 신도로 하여금 자신을 사찰 의사의 결정 주체로 인식하게 하고 구성원으로서의 자긍심과 소임에 대한 만족감을 가지게 한다. 의사소통이 상하좌우로 원활하게 이루어지는 사찰은 신도의 동기를 충분히 유발시킬 수 있다.

이러한 동기유발은 신도로 하여금 주인의식을 가지고 사찰 일에 참여하게 한다. 즉 사찰의 주체로서 자신을 의식하고 주인이 심혈을 기울여 가정을 돌보듯 사찰을 돌보게 하는 것이다. 사찰은 조직구성의 강압성이나 업무의 강제성이 없기 때문에 신도로 하여금 자발적으로 참여하게 하고 주인의식을 가지게 하는 것은 의사소통의 중요한 기능이다.

최근에 와서 의사소통의 필요성은 사회의 여러 영역에서 대두되고 있다. 한국불교 역시 사부대중 공동체를 표방하면서 의사의 불통에 대한 문제가 심각하게 제기되고 있다. 달리 표현하면 의사소통의 필요성을 절감하고 있는 것이다. 한국불교의 스님들은 승속(僧俗) 차별의 권위의식을 강하게 가지고 있다. 그러한 권위의식은 스님과 신도 간 의사를 소통이 아닌 전달로 만들어 버렸다. 일방적인 의사전달이 주로 이루어지는 조직은 상대를 이해하지 못하기에 화합하기가 어려우며, 화합이 어렵기에 성장하지 못한다.

한국불교의 의사소통은 교단과 종단 그리고 사찰의 성장과 직결되는 시대적 과제이다. 현대는 의사소통이 성장을 담보하고 있으며 이것이 낙후된 사회나 조직은 생존할 수 없게 된다. 이러한 시대의 한 가운데 서 있는 한국불교는 의사소통에 관심을 가지고 스님과 스님, 스님과 신도, 신도와 신도가 원활하게 의사를 소통하는 사부대중 공동체를 구성하여야 한다.

4. 법회는 불사의 꽃, 법문은 법회의 꽃

법회는 사찰의 가장 중요한 모임
법문은 부처님의 가르침을 현재에 되새기는 것

왜 불자들은 사찰에 오는가. 불자들이 사찰에 오는 이유는 다양하다. 자신과 가족의 안녕을 기원하러 오기도 하고, 심신의 안정을 찾으러 오기도 하고, 수행을 하러 오기도 하고, 불교대학을 다니러 오기도 한다. 이 이외에도 사람 수만큼이나 다양한 이유가 있을 수 있다. 그러나 다양한 이유로 사찰에 오는 불자들에게 줄 수 있는 궁극의 대답은 불법(佛法)이어야 한다. 안녕과 안정 그리고 수행과 교학에 대한 불교의 대답은 부처님의 가르침에 기반을 두어야 하는 것이다.

그렇기 때문에 사찰의 가장 중요한 모임은 법회(法會)가 되어야 한다. 법회는 말 그대로 법을 설하고 듣는 자리이다. 불자가 불법을 배우는 가장 중요한 시간이자 불자로서 생활을 점검하고 삶의 자세를 가다듬는 중요한 신행활동인 것이다. 그렇기 때문에 법회에는 신(信)·해(解)·행(行)·증

(證)이 녹아있어야 한다. 삼귀의와 찬불가를 통하여 믿음[信]을 고양시켜야 하며, 법문을 통하여 불법의 이해[解]를 제고시켜야 하며, 사홍서원과 산회가를 통하여 불법을 실천[行]하고 그 불법이 사라지지 않도록[證] 하여야 한다. 이와 같이 법회는 그 자체가 불교신행의 순차적 과정이기에 종교적으로 경건하면서도 활기찬 생명력이 있어야 한다.

불법을 믿고[信], 실천하고[行], 증득[證]하는 것은 모두 불법에 대한 이해[解]가 전제되어야 하다. 불자들에게 불법을 이해시키는 것이 바로 법문이다. 법회의 꽃은 법문(法問)인 것이다. 법문은 불법에 대해 설하고 묻고 답하는 행위이기에 법회의 으뜸인 것이다. 또한 사찰은 불제자들이 모인 공간이기에 사찰의 모든 일 중에서 법문 시간이 가장 중요한 시간인 것이다.

법회는 경건성과 생명력을 가져야 한다. 종교적으로 엄숙하고 장엄하면서도 활기차야 하는 것이다. 법회가 엄숙하고 장엄한 종교적 의례 속에서 활기차게 불법을 접하는 시간이지만, 어수선함 속에서 지루하고 따분한 요식 행위로 흐르고 있음도 사실이다. 법회가 보다 종교적이기 위해선 스님과 신도가 모두 법회를 생로병사의 고를 벗어날 수 있는 불법을 접하는 가장 소중한 시간으로 인식하여야 한다.

또한 법회가 경건하고 생명력이 있기 위해선 법문에 감동이 있어야 한다. 법문이 감동적이고 살아있다면 신도들이 지겨워할 수 없다. 어린아이에게는 모유가 최고인 것처럼 불자에게는 수승한 진리인 불법의 가르침이 최고의 양약이 되어야 한다. 만일 그 가르침을 듣고서도 불자가 성숙되지 않고 사찰이 성장하지 않는다면 설법자는 자신의 법문이 진정 부처님의 가르침을 제대로 전달하고 있는지 고민할 필요가 있다.

법문은 현실적일 때 감동을 불러일으킨다. 법문을 통하여, 현실의 고를 자각할 수 있을 때, 그리고 그 고로부터 벗어나는 방법을 들을 수 있을 때, 불자들은 감동하는 것이다. 그러했기에 부처님은 당장 중생의 고통을 해결하는데 도움이 안 되는 형이상학적인 질문에 대해서는 침묵을 지키셨다.

> 부처님께서 설하신 법들은 눈앞에서 볼 수 있으며, 눈앞에서 증명될 수 있는 것, 때를 기다리지 않고 효과가 있는 것, 와서 보라고 말할 수 있는 것, 능히 열반으로 인도할 수 있는 것, 지자(智者)가 명쾌하게 알 수 있는 것들이었다.
>
> 《장아함경》 권8, 〈부루나경〉 권215 권2, p.54中

《율장대품(律藏大品)》에 의하면, 부처님의 설법에 대해 제자들은 '넘어진 사람을 일으키듯이', '덮인 것을 깨끗이 걷어내듯이', '방황하는 사람에게 길을 가리키며 보여주듯이', '캄캄한 어둠에서 등불을 켜서 눈 있는 사람은 보라고 하듯이' 법을 현시하셨다고 했다.

그런데 오늘날 행해지는 법문의 내용을 살펴보면, 불타의 순수정법을 해명하지 못한 채 편협한 자기주장(自己主張)을 고집하거나, '심청정(心淸淨)'만 반복하는 관념의 유희에 빠져 있거나, 사람들의 일상에서 유리된 허황한 고담준론(高談峻論)의 경지를 넘어서지 못하는 경우를 어렵지 않게 발견할 수 있다.

이런 상황은 어제오늘의 일은 아닌 듯하다. 박한영의 1912년 〈불교강사와 정문금침(頂門金針)〉을 보면 백여 년 전에도 별반 다르지 않았다.

> 요즈음 조선 불교계는 어느 곳을 막론하고 문명시류에 자극을 받은 탓인지, 예전엔 생각지도 못했던 포교소와 연구회가 곳곳에 들어서고 있음은 참으로 반가운 일이 아닐 수 없다. 그러나 가만히 그 정곡을 살펴보면, 대부분 순수한 진리와 갖춰야 할 덕성에 위배되는 바가 적지 않을뿐더러, 추상적이고 형이상학적인 방향으로만 치닫기 일쑤여서, 정작 현재 세상의 형편이 어떠하며, 민중들의 생각은 어디쯤에 머물러 있고, 따라서 불교의 이치를 어떤 방면으로 탐구하고 전달시켜야 할 것인가에는 도무지 어둡기만 한 형편이다.

백 년 전이나 현재나 현실과 동떨어진 법문으로는 감동을 줄 수 없다. 실재적 인간인 불자들은 현실과 떨어진 이야기에 대해선 공감하는 바가 적을 수밖에 없다. 공감하지 못하면 감동도 없다.

종교인들은 흔히 현실 밖에 있는 추상적인 세계에 대해서 말하려는 경향이 강하다. 하지만 부처님은 관념적이고 비현실적인 세계에 관계된 법문을 거부하였다. 《여시어경(如是語經)》은 다음과 같이 말하고 있다.

> 비구들이여, 나는 아는 것, 보는 것에 대해서와 번뇌의 소멸에 대해서 말한다. 알려지지 않는 것, 보이지 않는 것에 대해서는 말하지 않는다.

부처님은 남녀노소가 다 겪어야 하는 현실 문제인 고로부터의 해방을 설하였다. 만일 불교에서 고의 가르침이 빠진다면 불교는 존립할 수 없다. 불교의 근본목적이 고로부터의 해방에 있기 때문이다. 부처님의 법문이 일체의 고를 설한 것이기에 현실성이 있었던 것이며, 오늘날의 법문 또한 그러해야 한다.

설법자가 현실적인 법문으로 감동을 주고자 한다면 우선 청법자를 이해하고 그의 상황을 공감할 수 있어야 한다. 그것이 불교에서 법문의 전형으로 꼽히는 대기설법(對機說法)의 전제이다. 법문에 앞서 설법자는 청법자의 연령과 직업, 그리고 지적 수준과 관심 사항 등의 제반 여건을 고려해야 한다. 이와 같이 청법자의 근기에 맞추어 설하는 것이 곧 부처님이 설한 대기설법이다.

설법자가 청법자의 여건을 감안하지 하고 일방적인 법문을 하게 되면 현실성이 없게 되고 감동도 없게 된다. 상황이 이러함에도 불구하고 종종 신도들이 스님의 법문을 이해하지 못했다고 이야기되는 경우가 종종 있다. 그러나 스님이 신도를 이해하지도 이해시키지도 못했다는 표현이 보다 더 실정에 부합한다.

그런데 설법에 있어서 가장 중요한 것은 법문의 현장성과 감동성이 궁극적으로는 부처님의 가르침에 근거하여야 한다는 것이다. 그것이 현장적인 감동을 줄 수 있는 여타의 강연과 불교의 법문을 가르는 차이점이다. 여타의 강연에도 삶에 대한 현장성과 감동성은 존재한다. 법문은 그에 그치지 않고 현실의 문제를 부처님의 가르침에 근거하여 해결해줌으로써 감동을 주는 것이다. 그러나 설법의 현장에서는, 사회 문제에 대한 개인적 견해를 법문이라고 설하거나, 경전상의 전거(典據)도 없이 회자되는 불교 교리를 부처님의 가르침으로 설하기도 한다. 비록 이러한 것들이 감동을 주더라도 그것은 여법한 설법이라 할 수 없다.

부처님 가르침에 여법한 설법은 현실과 불법에 통달한 법문이어야 한다. 현실에 통달함이란 현재의 상황에 대하여 정확히 이해해야 함을 말한다. 불법에 통달함이란 불법에 대하여 오류에 빠지지 않고 온전히 이해해야 함을 말한다. 즉 부처님 가르침에 여법한 설법은 현실의 문제를 정확히 이해하고, 불법에 기반을 둔 온전한 가르침을 설하는 것이다.

그리고 여법한 설법의 궁극적 목적은 중생의 이익과 행복과 안락이다. 설법은 고의 해결을 통하여 중생들이 이익되고 행복하고 안락해주도록 해주는 법문이 되어야 하는 것이다.

이를 위하여 부처님께서

> 제자들이여! 처음도 좋고 중간도 좋고 끝도 좋으며, 조리와 표현을 갖춘 법을 전하라. 또한 원만 무결하고 청정한 범행(梵行)을 설하라. 사람들 중에는 마음의 더러움이 적은 이도 있거니와 법을 듣지 못한다면 그들도 악에 떨어지고 말리라. 들으면 법을 깨달을 것이 아닌가.

라고 전법을 선언한 것이다.

5. 사찰 불교대학은 불자 평생교육기관

불교대학은 사찰 성장 동력
교학 편향적 커리큘럼 문제

한동안 불교계의 뜨거운 이슈였던 불교대학의 성장세가 주춤하다. 불교종립대학에서 운영하는 정규학위과정의 불교대학도 있지만, 일반 시민과 불자들이 불교를 체계적으로 배울 수 있는 곳은 불교교양대학으로도 불렸던 사찰의 불교대학이다. 이 불교대학의 시초를 확정하기는 어렵지만 '대원불교대학'이 사찰에서 운영하는 불교대학의 성장에 초석이 되었음은 분명하다. 대원불교대학은 장경호(1899~1975) 거사가 불자와 시민들에게 불교를 교육하고자 한 원력의 산물이다. 자그마한 철물공장으로 시작해서 동국제강이라는 굴지의 기업을 창업한 장경호 거사는 1970년 12월 재단법인 대원정사의 설립을 인가받고, 1972년 2월 남산에 현대식 사찰인 불교회관 대원정사를 개원하였으며, 동년 9월에는 신행단체인 대원회를 발족했다. 그리고 대원불교대학을 1973년 3월에 2년제로 개설하여 일반 불자와 불교에 관심 있는 시민들에게 불교를 체계적으로 교육하기 시작하였다.

대원불교대학이 개설되기 전까지 종단과 사찰 차원의 신도 교육은 전무한 실정에 가까웠다. 기복을 벗어나지 못했던 당시의 한국불교에서 불교는 교육이 필요하지 않은 종교였으며 부처님께 자기의 복을 그냥 빌면 되는 종교였다. 그렇기 때문에 종단이나 사찰은 굳이 신도들에게 불교를 교육할 필요를 느끼지 못하였다. 그러나 지금도 상당부분 그러하지만 한자로 된 법요 의식문의 뜻은 쉽게 가슴에 와 닿지 않았고, 스님들의 법문도 일반 신도는 이해하기 어려운 내용이어서 지루하였다. 초발심자가 이렇게 불교를 접해서는 불법(佛法)의 참뜻을 제대로 이해하기가 어려웠다. 대원불교대학은 이에 대한 극복의 시도였으며, 수강료 면제는 물론 장학금까지 주면서 불자들이 불법을 이해할 수 있도록 교육하였다.

이후 교육열이 높은 젊은 층이 밀집한 도심의 신흥사찰들을 중심으로 불교대학을 포교의 중요방편으로 인식하고 활용하였다. 1980년대 능인선원과 구룡사가 불교대학을 개원했으며, 1990년대에는 영남불교대학 大관음사(현 한국불교대학 大관음사), 2000년대에는 부천 석왕사 등이 불교대학을 성장 동력으로 삼은 대표적 사찰들이다. 특히 능인선원은 '신도사관학교'라 불릴 정도로 불교대학의 모범으로 제시되고는 하였는데, 한때 한국불교에서는 찾아보기 힘든 괄목상대할 성장세를 보이기도 하였다. 이들 사찰 이외 수많은 도심사찰과 전통사찰들이 불교대학의 운영에 나섰다. 불교대학이 사람들을 모아주면서 사찰의 성장 동력으로 인식하게 된 것이다.

그렇다면 불교대학은 어떻게 사찰의 성장 동력이 될 수 있었던 것인

가. 다시 말해 불교대학의 무엇이 사람들로 하여금 사찰 성장에 기여하게 해주는 것인가? 사찰의 성장은 신도 만남의 '정기화'와 신도의 '조직화'가 전제될 수 있을 때 가능해진다. 신도들이 정기적으로 만나서 그들의 조직을 갖추어 사찰의 일에 동참하여야 사찰이 성장할 수 있는 것이다. 어떤 단체이든 성장을 위해서는 구성원들이 만나서 일을 논의해야 하고, 그 일의 성사를 위해서 조직을 갖추어야 한다. 사찰에 있어서도 스님과 신도들이 서로 만나서 일을 논의하고 조직을 갖추어 일을 해야만 사찰의 일들이 성사되면서 성장할 수 있는 것이다.

불교대학은 신도 만남의 정기화와 신도의 조직화에 있어서 상당한 순기능을 갖는다. 불교대학은 매주 지정 요일에 수업을 진행하기 때문에 신도들이 정기적으로 모임을 가질 수 있다. 매주 교회에 출석하는 기독교와는 달리 신도들이 1년에 한번 '부처님 오신 날'이나 되어야 사찰에 한번 나오는 한국불교의 관행으로 볼 때 신도들이 매주 사찰에 나온다는 사실 그 자체만으로도 대단한 신행 변화라고 평가할 수 있다. 불교대학이 신도 만남의 '정기화'를 이루어주고 있는 것이다.

또한 불교대학은 입학연도에 따른 기수(期數)들이 있는데, 사찰에서는 이 기수에 따른 동창회 형식의 기수별 조직이 자연스럽게 형성되어 있다. 사찰에는 여러 신행모임들이 있으나 그 결속력이 크지는 못하다. 그러나 불교대학은 사회의 동창회와 마찬가지로 기수별 결속력을 형성해준다. 불교대학이 신도들이 사찰 성장을 위하여 유기적으로 통합된 활동을 할 수 있게 해주는 것이다. 불교대학이 신도의 '조직화'에 기여하고 있는 것이다.

세계적으로 유례가 없는 한국교회의 성장을 거론할 때는 한국개신교 신도의 결집력이 꼭 회자된다. 이와 같이 불교대학이 신도 결집력의 매개체가 돼 주는 것이다. 불교대학이 모래알처럼 뭉치지 못했던 신도들을 정기적으로 만나게 해주고 나아가 유기적 조직을 갖추도록 해주는 것이다.

그러나 2000년대 후반으로 접어들면서 대다수 불교대학은 신규 수강생의 감소에 직면하게 된다. 불교대학을 성장 동력으로 여겼던 사찰들의 상당수가 답보 혹은 퇴보에 봉착하게 된 것이다. 불교대학을 성장 동력으로 삼았던 사찰들 중에서도 더 이상 불교대학을 운영하지 않는 곳들도 존재한다.

왜 오늘날 불교대학은 이렇게 성장 동력을 상실했는가? 우선적으로는 입학생을 모집하는 기존 방식의 한계를 제시할 수 있다. 사찰 소속의 신도들을 불교대학의 입학 대상으로 삼는 현실에서 신도의 대부분이 졸업하고 나면 당연히 더 이상 입학생을 모집하기 힘든 상황이 초래될 수밖에 없는 것이다.

그러나 필자는 입학생 모집 방식의 한계성이 불교대학을 정체시키는 요인으로 작용하고 있음에 공감하면서도 보다 더 근본적인 문제는 불교대학의 교육내용에 있다고 생각한다. 교육은 그 내용이 핵심이므로 불교대학의 문제와 방안을 교육내용에서 찾고자 하는 것이다.

먼저 제시하고자 하는 교육내용의 문제는 불교교육이 교학 편향적으로 이루어지고 있다는 것이다. 현재 불교대학들은 '불교란 무엇인가'에 대한 이해도 없는 불자들을 대상으로 교학에 경도(傾倒)된 교육을 하고 있다. 불교대학 학생의 상당수는 자신과 가정의 복을 부처님께 빌러왔다가 불교를 체계적으로 공부하고자 마음먹은 초발심자들이다. 불교를 기복으로만 여기는 사람들에게 화엄학, 유식학, 중관학 등 불교학 전공자들도 난해할 수 있는 불교교학을 중심으로 불교가 교육되고 있는 것이다. 물론 불교교학에 대한 교육도 필요하다. 그러나 그에 앞서 불교란 어떤 종교인지를 알게 해주어야 하며, 불교의 교조인 부처님의 생애와 그 생애가 갖는 인류애적 가치를 느낄 수 있게 해주어야 한다.

불교대학의 교육은 부처님이 왜 출가를 하였는지, 수행의 과정은 어떠했는지, 수행을 통해 깨달은 것이 무엇인지, 왜 45년간이나 전법교화를 하였는지를 불자들이 느끼도록 만드는 것이 선행되어야 한다. 그리고 그 과정에서 불교가 신본주의(神本主義)가 아닌 인본주의(人本主義)의 종교임을 터득할 수 있도록 해주는 것이 중요하다. 즉 불교란 어떤 종교인지를 부처님의 생애를 기반으로 교육해야 하는 것이다. 불교의 교학은 이와 같은 기본 교육 이후 진행하되 수행과 균형을 맞출 수 있도록 교육해야 한다. 즉 교(教)와 선(禪)이 조화를 이루어야 하는 것이다.

다음으로 제시하고자 하는 문제는 불교공부를 마음공부가 아닌 상식공부처럼 여긴다는 것이다. 이는 교학 편향의 불교교육과 연계되는 문제라고 할 수 있다. 불자들이 불교공부를 하면서 교학을 주로 접하다보니 불교의 종교성을 간과하고 상식처럼 공부하는 것이다.

필자는 여러 사찰의 불교대학에서 강의를 하면서 불자들이 불교를 상식으로 공부하면서 스스로 만족해하고 있음을 상당히 느껴왔다. 부처님이 몇 세에 출가했는지, 그 부모님이 누구인지를 알고 있음에, 그리고 사성제가 무엇 무엇인지, 팔정도의 여덟 가지가 무엇인지를 외우고 있음에 스스로 만족해하는 불자들을 적지 않게 보아온 것이다. 물론 불자로서 불교에 대한 상식이 많은 것이 어찌 칭찬받을 일이 아니겠는가. 하지만 그것을 불교의 본질로 이해하고, 그것을 불교공부의 전부라고 오인해서는 안 된다. 요즘 유행하는 말로 "뭣이 중헌디?"를 알아야 하는 것이다. 아무리 많은 불교 상식을 기억하고 있다고 하더라도 그것으로 불교의 본질, 즉 깨달음에 접근할 수는 없다.

이제 교학 편향적, 불교 상식적 불교교육을 탈피하고 불교대학이 나아갈 방안을 모색하고자 한다. 이의 해결을 위해선 불교대학의 교육에서 수행이 교학과 조화를 이룰 수 있도록 강화되어야 한다. 기존 교학의 교육에 수행을 보다 강화한다는 것은 그만큼 교육과정이 장기적으로 편성되어야 한다는 것이다.

불교는 종교다. 불교는 상식이 아니다. 그리고 종교는 체험이 중요하다. 불교의 체험은 수행이다. 부처님의 가피로 인한 체험이 비록 기복적이기는 하여도 훨씬 종교적일 수 있다. 하지만 그런 체험은 드물다. 그렇기 때문에 불자라면 수행을 통하여 불교를 체험한다. 그런데 불자의 수행은 한두 해에 끝나는 것이 아니라 일생에 걸친 불교공부다. 향후 불교대학의 교육과정이 1~2년의 단기과정이 아니라 일생에 걸친 장기과정으로 개편될 필요가 있는 것이다.

불교의 정수(精髓)인 수행이 빠진 교육과정으로는 불교대학이 제 역할을 할 수 없다. 정수가 없기에 교육기간이 짧은 것이며, 성장의 동력으로도 지속되지 못했던 것이다. 불교대학이 다시금 사찰성장을 이끄는 동력이 되기 위해선 불교를 여법하게 교육할 수 있어야 한다. 불교대학에서는 불자들이 불교란 무엇인가, 부처님의 생애는 어떠했는가라는 기초부터 경전 공부와 수행 실참(實參)에 이르기까지 어느 것 하나 간과되지 않고 체계적으로 불교를 공부할 수 있어야 하는 것이다. 그리고 그 공부기간은 일생에 걸친 것이어야 한다. 이제는 불교대학이 불자의 평생교육기관으로 발돋움하여야 하는 것이다. 불자의 일생 동안 마음공부와 인생공부를 전담하는 불교교육의 터전으로 자리매김해야 한다.

6. 이제는 사찰도 구역관리

교회 방식이라는 선입견 탈피 필요
신도 신행의 일상생활화 보장

흔히 구역관리라고 하면 기독교에서 하는 신도관리 방법으로만 생각한다. 교회에서 보편화된 신도관리 방식이라서 그런지 불자들은 '구역관리'라는 용어 자체에 원인모를 거리감마저 느끼기도 한다. 실제로도 대부분의 사찰에서는 구역관리를 통한 신도관리를 하지 않는다. 사찰의 구역관리라고 하는 것이 구역별 축원카드 관리 수준 정도를 벗어나지 못하고 있는 형편이다. 구역관리가 다른 종교에서 일반화된 방식이라 하여서 우리 불교가 시행하기를 기피할 하등의 이유가 없다. 구역관리는 신도를 동일 생활권별로 소규모의 조직을 구성하여 가정에서도 신행생활이 지속되도록 관리하는 체계로써 사찰의 신도관리 및 조직관리를 용이하게 할 뿐만 아니라 사찰을 중심으로 한 신도의 결속력과 유대감을 강화해 주고, 또한 재일(齋日) 기도에 그치기 쉬운 신도의 신행을 일상화시켜주는 계기가 되기도 하기 때문이다.

그런데 구역관리를 위해서는 동일생활권 내에서 소규모로 구역조직들을 구성하는 작업이 선행되어야만 한다. 우선 구역관리의 기초가 되는 이 구역조직의 기능부터 알아보도록 하자. 구역조직은 신도로 하여금 일상생활에서의 수행과 가정법회의 봉행, 경전공부, 친교의 나눔, 포교의 실천을 가능하게 해준다. 상세히 설명하면 아래와 같다.

불교는 부처님의 힘을 빌려 소원을 성취하는 기복이 아닌 수행을 통하여 자기 안에 내재된 불성(佛性)을 깨닫는 종교이다. 출가자가 아닌 재가신도는 하안거와 동안거 등 안거 기간을 정하여 수행에 전념하기 어렵기 때문에 일상생활 속에서 수행을 할 수 있어야 한다. 불교에서의 수행은 반드시 선방에서 참선하는 것에 한정되는 것이 아니라 사경(寫經)과 염불(念佛) 등 생활 속에서 다양하게 이루어질 수 있다. 이타행(利他行)의 자비정신을 실현하는 봉사도 좋은 수행이다. 구역조직은 일상생활에서의 수행과 수행점검의 시간을 갖기 위해서 구성되는 것이다.

가정법회는 동일한 구역조직의 신도가 한 가정에 모여서 법회를 봉행하는 것을 의미한다. 우리나라 불자의 상당수는 종교 활동을 하지 않거나 1년에 1차례 즉, 부처님 오신 날에만 법회에 참석한다. 자칭 불자이면서도 상당수는 1년에 부처님 오신 날 하루 정도만 절에 나오거나 아예 단 한 번도 나오지 않는 경우도 적지 않은 것이다. 이들을 절로 인도하기 위해선 심리적 거리감을 해소시켜 주어야 한다. 동일 생활권에 있는 신도들이 가정에 모여 법회를 봉행하게 되면 불교에 대한 심리적 거리감은 좁혀질 수밖에 없다. 그리고 그에 따라 종교 활동이 증가함으로써 신행의 부족도 자연스럽게 해결될 수 있다.

신도가 일상생활에서 혼자 경전을 공부하기는 마음처럼 쉽지 않다. 이는 시간의 할애, 공부가 주는 지루함, 그리고 내용상의 어려움에 주로 기인한다. 하지만 여러 사람이 함께 모여 경전을 공부하게 되면 시간을 할애하기 용이하고, 지루함이 덜하며, 그리고 내용상의 어려움을 토론을 통하여 해결할 수 있다.

친교(親交)라는 것은 서로 신행 안에서 유익한 대화를 나누는 것을 말한다. 단순히 가정법회만 봉행하고 헤어지면 형식적인 모임으로 전락할 수 있다. 신도 간에 인사를 나누고 상호 간에 정감어린 대화를 나누는 교제의 시간이 있어야 한다. 그렇다고 친교의 뜻을 잘못 해석해서 구역조직 모임 때마다 먹고 노는 유흥의 시간이 된다면 구역조직의 참 의미를 잃게 된다는 점도 유의해야 한다.

구역조직은 포교의 기초 단위가 되어야 한다. 구역조직에는 새로운 이웃을 동참시키는 것이 필요하다. 그러므로 이웃 사람들을 모임에 초청하여 포교할 수 있는 기회를 가져야 한다. 사찰에 가기를 꺼리는 이웃 사람도 친근한 사람들로 구성된 가정모임에는 보다 쉽게 동참할 것이다.

그러면 구역조직의 원리와 활성화 방안은 무엇인가? 구역조직은 먼저 10명 내외의 소조직으로 구성하나 해당 사찰의 형편에 맞도록 조직되어야 한다. 나아가 사찰성장에 따라 구역조직 확장 원칙을 변경할 수 있어야 하며, 한번 세운 원칙만을 고집하지 말고 유동성과 개방성을 가지고 재평가와 연구 분석을 통하여 방향을 전환할 수 있어야 한다. 나아가 구역조직은 반드시 신도의 필요를 어느 정도 충족시켜 줄 수 있어야 하고 조직이 복잡하지 않고 단순해야 한다. 이러한 제원리들에 의거한 구역조직의 활성을 위해서는 소속감의 형성, 수행정진과 경전 공부의 독려, 불교적 리더십의 배양, 선의의 경쟁유도가 필요하다. 이를 구체적으로 살펴보도록 하자.

구역조직에 인격적 기능을 제고함으로써 사찰에 대한 소속감을 형성시켜주어야 한다. 오늘날 사찰의 의사소통도 점차 비인격화되는 경향이 있다. 종종 그것은 계산적이기도 하며 직업적이기도 하다. 그러나 소규모인 구역조직 안에서는 반드시 인격적인 만남이 이루어져야 한다. 특히 종교조직의 특성상 사찰은 포교를 위한 기능을 요청받는데, 이를 원만히 수행하기 위해서는 기초 단위의 지도자가 되는 구역장이 소속감을 가지고 포교에 임하여야 한다.

어떠한 형태의 수행에 정진하거나 어떠한 경전을 열심히 공부하도록 독려해야 한다. 이것은 일반적인 친교와의 차별성을 부여해 주며 구역을 종교적으로 활성화시키는 기본적인 원리이기 때문이다. 이에 더하여 각 개인에게 인간적인 주의를 기울여야 한다. 인간적인 만남 속에서 이루어는 수행과 경전 공부는 서로의 신심을 배가시켜주기 때문이다.

신도가 구역에서 포교사로 활동할 수 있도록 불교적 리더십을 배양해야 한다. 종교조직의 특성상 사찰은 포교를 위한 기능을 필수적으로 요청받는데, 신도가 타인에게 포교하기 위해서는 불교적 리더십을 갖추고 있어야만 한다. 불교적 리더십이 없으면 타인을 불교적으로 지도할 수 없기 때문이다. 불교적 리더십은 강한 신심에 최소한의 인간관계 기술이 수반될 때 배양될 수 있다.

각각의 구역장들에 대하여 선의의 경쟁을 시킬 필요가 있다. 구역장들이 선의의 경쟁심을 유발할 수 있도록 활동을 분석하여 포상할 수 있는 일련의 보상제도[token system] 혹은 공적제도[merit system]를 마련하는 것도 검토할 만하다.

그러면 구역조직을 이끌어가는 구역장은 어떠한 사람이어야 하는가? 구역조직이 아무리 훌륭하더라도 그것을 움직이는 사람이 시원치 않으면 구역조직은 아무런 능력도 발휘하지 못한다. 구역조직에는 훌륭한 지도자가 있어야 하며, 이들에게는 몇 가지 필수적인 조건이 필요하다.

먼저, 경전을 잘 이해하고 있어야 한다. 불법(佛法)의 근원이 되는 경전의 의미를 모르고서는 다른 사람을 가르칠 수 없다. 경전을 잘 알아야 구성원을 불법에 맞게 가르칠 수 있으므로 구역장은 경전 공부를 체계적으로 해야 한다.

그리고 열성이 있어야 한다. 이 세상 어떠한 일이라도 그 일에 성공하려면 최선을 다해야 한다. 더구나 소규모라도 남 앞에 서서 그들을 가르치고 인도하려면 열성 없이는 불가능하다. 열성 없는 구역장은 누구에게도 감화를 끼칠 수 없다. 비록 학식이나 지식에는 모자람이 있을지라도 신심에 기반을 둔 열성이 있으면 구성원들의 존경을 받아서 구역조직을 이끌 수 있다.

또한 비전(vision) 의식이 있어야 한다. 구역장이 오늘도 내일도 잘만 넘어가면 된다는 생각을 한다든지, 모든 일이 그저 그만이라는 생각을 해서는 안 된다. '어떤 프로그램을 새로 만들어야 구역조직을 잘 인도할 수가 있을까?', '어떻게 해야 포교를 잘 할 수 있을까?', '어떻게 하면 구성원들에게 도움을 줄 수 있을까?' 하는 의식이 있어야 한다. 다시 말해, 구역조직에 대한 구체적인 비전을 고민하는 사람이 구역장의 소임을 맡아야 한다.

마지막으로 신심을 가지고 솔선수범하여야 한다. 돈독한 신심은 쉽게 구성원들에게 전달되어 구역조직을 신심이 있는 사람들로 가득 차게 하는 힘을 가지고 있기 때문이다. 그리고 자기는 실천하지 않고 남에게만 행하라고 한다면 그의 말은 다른 사람을 이끌어줄 수 없다. 구역장이 계(戒)를 지키고 모범이 되는 삶을 살 때 구성원들이 그의 지도를 따른다.

이제 지금까지 살펴본 구역조직을 토대로 하여서 구역관리의 효과성을 제고할 수 있는 몇 가지 방안을 첨언하고자 한다.

구역관리의 효과성을 제고하기 위해서는, 첫째로 구역조직에 대한 치밀한 연구조사와 사려 깊은 계획을 해야 한다. 먼저 사찰의 연구조직을 구성하여 많은 정보를 수집하고 다른 사찰이 운영하고 있는 프로그램을 연구·비교·검토하여 장기적인 교육계획을 세워야 한다.

둘째, 구역장을 위한 교육을 시행해야 한다. 구역장은 일정한 수준의 교육을 받게 해야 하며 교육을 받지 않은 사람을 구역장이 되게 해서는 안 된다. 아울러 구역장 임명을 위한 교육이 종료되었더라도 사후 교육을 지속하여야 한다. 분기별로 한 번 정도 구역장을 위한 세미나를 개최하여 구역장들에게 새로운 정보와 동기를 제공하는 기회를 가지는 것이 바람직하다.

셋째, 합리적인 평가 제도를 도입해야 한다. 이는 구역활동이 질적으로 하락하지 않기 위해서 필요하다. 평가는 서류상으로만 하지 말고 구성원들과 교역자가 자주 만나 상담해 봄으로 인해서 합리적이 될 수 있다.

넷째, 사찰의 다른 프로그램과의 연관성이 유지되어야 한다. 구역조직은 사찰 전체 조직 안에 일부로서 존재한다. 사찰 안의 모든 조직은 유기적으로 연계된 조직이다. 따라서 구역조직은 사찰의 다른 프로그램과 연관되어야 한다.

다섯째, 구역관리의 활성화를 위해서는 인내심을 가져야 한다. 단시간에 구역관리를 활성화하여 사찰을 성장시키고자 하는 마음은 욕심일 수 있다. 다른 사찰에서 성공한 구역관리 프로그램을 단순하게 모방하지 말고 해당 사찰에 적합한 프로그램을 수립해야 한다. 특정 사찰에서 성공한 프로그램이 다른 사찰에서도 반드시 성공하는 것은 아니다. 해당 사찰의 형편에 맞게 시작하여 기간을 갖고 향상시키려는 인내심을 가져야 한다.

사람은 많되 결속되지 않은 조직을 일컬을 때 흔히 모래알 같다고 한다. 우리 사찰의 조직이 그와 같은 경우가 많다는 생각이 든다. 신도 수는 적지 않은 데도 불구하고 막상 일을 추진하려면 사람이 없는 경우가 허다하다. 또한 교단·종단 혹은 사찰 차원에서 여러 조직을 결성하지만 소기의 성과를 이루기도 전에 유야무야 사라지고는 한다. 이를 개선하기 위해서는 교단과 종단의 기초 조직인 사찰의 신도조직에서부터 결속력을 다질 수 있어야 한다. 그런데 신도들을 소규모 단위로 조직화하는 것은 신도조직에 결속력을 강화하면서 체계적인 정비를 가능하게 해준다. 그렇기 때문에 향후 불교교단은 신도들을 소규모 단위로 조직화해주어야 한다. 만일 '구역관리'라는 용어가 거부감을 준다면, '법등(法燈) 관리'·'법단(法團) 관리' 등의 용어를 사용하면 된다. 근래에 들어 급속한 성장을 이룬 소위 대형도심포교당들을 분석해보면, 신도조직을 소규모로 조직하여 체계적으로 관리하였다는 공통점을 발견할 수 있다. 어떤 조직이든 그 기초 조직이 튼튼하여야만 성장할 수 있다는 점에서 보면 너무나도 당연한 조치이고 다른 조직들에서는 이미 일반화된 조직관리 기법이다. 더 이상 구역관리라는 용어에 천착하여 조직관리와 신도관리를 그르치는 우를 범해서는 안 된다.

7. TI를 만들자

TI는 사찰 브랜드
사찰의 대중 접근성 강화 효과
사찰별 특성 반영해 개발해야

TI는 Temple Identity의 약자로 기업의 CI(Corporate Identity)에서 차용된 용어다. CI는 기업 이미지를 통합적으로 만들어 내는 디자인 전략이다. 기업의 시각적 상징을 만들어 기업 이미지의 통일화를 꾀하는 것이다. CI의 대표적 사례로는 로고(logo)를 들 수 있으며, 흔히 CI를 로고라고 부른다. 애플, 삼성, 나이키, 아디다스, 샤넬, 스타벅스, 코카콜라 등 세계 굴지의 기업들은 저마다 로고가 있다. 사람들은 로고만 보고서도 해당 기업을 알아본다. 때문에 기업들은 CI에 기업의 가치와 철학, 그리고 고객에게 전달하고자 하는 이미지를 담아 마케팅 전략으로 활용한다.

불교적으로 이해하면, '만(卍)'자는 불교의 대표적 로고다. 하지만 만(卍)자는 개별 사찰을 독립적으로 상징하지 못한다. 그렇기 때문에 불교 전체를 상징하는 만(卍)자와는 달리 개별 사찰의 정체성을 알릴 수 있는 TI가 필요하다. TI는 개별 사찰의 고유 문장(紋章)을 사용함으로써 사람들이 각각의 사찰을 구별하여 인지할 수 있도록 만들어주는 상징인 것이다.

각 불교종단의 문장을 연상하면 TI에 대한 이해가 보다 쉽다. 사람들은 종단 고유의 문장만을 보고서도 각각의 불교 종단을 구별할 수 있기 때문이다.

대한불교조계종
삼보륜

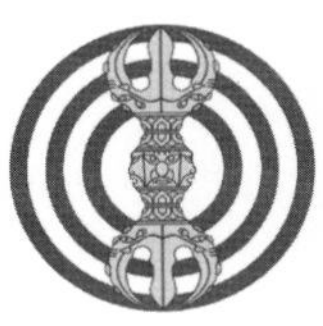

대한불교천태종
종기

대한불교진각종
금강륜상

대한불교진각종
심벌마크

대한불교조계종은 '삼보륜' 마크를 종단 문장으로 사용한다. 삼보륜은 조계종의 이미지를 대표적으로 표현한 상징으로, 삼보의 신앙과 선교양종의 조계종의 이념을 담았으며, 사부대중의 화합 그리고 신앙과 포교를 통한 불국정토의 구현을 의미한다.

대한불교천태종은 금강저와 삼제원융이 결합된 문장을 사용하고 있는데, 세 개의 청색 원을 포개어 놓은 위에 황색 금강저(金剛杵, vajra)를 상하로 세워 놓은 문양이다.

대한불교진각종은 금강계구회만다라(金剛界九會曼荼羅)를 원(圓)으로 표현하고 그 가운데 5佛을 표시한 '금강륜상'과 전체적으로 사각의 다이아몬드[金剛]에 범어 '옴' 자를 새긴 형상을 TI로 사용하고 있다.

요즘에는 종단 이외에 개별 사찰과 재가수행단체들에서도 TI를 개발하여 사용하고 있다. 봉은사는 좌선하고 있는 모습을 심플하게 표현한 TI

를 홈페이지는 물론 명함, 공문서, 사보 등에 사용하고 있다. 수원 봉녕사 TI는 800년간 봉녕사를 지킨 향나무 위로 봉황이 날고, 아래에는 부처님이 앉아있는 모습을 형상화했다. 한마음선원 TI는 한마음선원의 칠보탑을 형상화한 것으로 세 개의 원은 과거·현재·미래가 고정됨이 없이 돌아가는 삼세(三世)가 공한 이치를 의미한다. 한마음선원은 TI를 상표·서비스표로 등록해 국내외 지원에서 발행되는 책과 정기간행물 등 각종 인쇄물과 판촉물, 웹사이트 등에 활용하고 있다. 대중적 인지도가 높은 법륜 스님이 이끄는 정토회도 연꽃을 단순화한 TI를 플랜카드, 홈페이지, 포스터 등 다양한 홍보물에 사용하고 있다.

그런데 TI를 단순한 시각적 미술품으로만 생각해서는 안 된다. TI는 사찰[Temple]의 정체성[Identity]이 담긴 대중적 이미지의 총체이다. 해당 사찰의 고유한 특성을 하나의 이미지로 형상화하여 대중들에게 사찰을 친근하게 알리는 것이다. 정체성을 살리기 위해선 TI에 사찰의 과거, 현재, 미래가 모두 함축되어 있어야 한다. 사찰의 과거와 현재의 역사, 그리고 미래의 비전이 담겨있어야 하는 것이다. 그렇기 때문에 TI의 제작은 시각적 디자인 작업에 그치는 것이 아니라 사찰의 역사와 비전을 담아내는 이념적 작업이라는 것을 잊지 말아야 한다.

왜 TI가 필요한가?

첫째, TI는 사찰 브랜드 포교이기 때문이다. 브랜드(brand)란 특정 조직이 다른 조직과 구별되기 위해 사용되는 이름이나 기호, 의장(意匠) 등을 통틀어 이르는 말이다. 바로 심벌마크, 로고, CI, 그리고 TI가 곧 브랜드다. 사람들은 브랜드만 보고서도 해당 기업과 상품을 떠올린다. 브랜드가 인지도를 높여주는 것이다.

TI는 사찰의 인지도를 높여줄 수 있다. 대중적으로 알려진 국보 및 보물이 없는 사찰의 이름은 대부분의 사람들에게 차별성 있게 인지되지 못한다. 불국사의 이름을 대면 석가탑과 다보탑이, 해인사의 이름을 대면 팔만대장경이 연상되지만, 그렇지 못한 대부분 사찰의 이름을 대면 그냥 별 차이 없는 절로만 인식되는 것이다. 이런 상황에서 어떤 사찰이 TI가 있다면 사람들은 그 TI로써 해당 사찰을 인지할 수 있게 된다. 대중에 대한 접근성이 높아짐으로써 그 만큼 포교에 유리해지는 것이다. 궁극적으로 포교는 부처님의 가르침을 전하여 교화하는 것이지만, 그러기 위해선 우선 대중에게 접근할 수 있어야 한다. TI는 사찰의 막연한 이미지를 구체화하여 인지도를 높여줌으로써 사찰의 대중 접근성을 강화시켜준다. 그리고 사찰의 대중 접근성은 포교의 길을 열어주는 것이다. 이는 TI가 사찰 브랜드로써 사찰의 인지도를 높여주는 만큼 포교에 도움을 주는 것으로 이해할 수 있다.

둘째, TI가 신도들에게 소속감과 자긍심을 심어주기 때문이다. 사람들은 자신이 속한 조직과 단체의 로고를 보면 소속감과 자긍심을 느낀다. 외국에서 태극기를 보거나 국내 기업의 브랜드를 보면 반가운 마음이 드는 것도 그와 같다.

불자 역시 자기 사찰의 TI가 있다면, 그것을 보고 소속감과 자긍심을 느낄 것이다. 아마도 아파트 현관문에 붙어있는 교회의 CI(Church Identity)는 교인들에게 그와 같은 느낌을 주지 않을까 생각된다. 한국불교에 TI가 보편화되지 않은 상황에서 전술한 각 종단의 문장들은 신도의 소속감과 자긍심을 함양시켜주는 좋은 사례가 될 수 있다. 한국불자들은 일 년에 한 번씩 범종단적인 행사인 '연등축제[Lotus Lantern Festival]'를 한다. 여러 종단이 모인 이 행사에서 각 종단의 신도들은 자기 종단의 문장에서 소속감과 자긍심을 느끼게 된다. 종단에 대한 종도 의식이 별로 없는 한국불교의 상황에서 이는 특별한 느낌이라고 할 수 있다. 다른 사람의 자동차에 붙어 있는 종단 문장의 스티커를 보고 느끼는 반가운 감정도 소속감과 자긍심의 발로라고 하겠다.

셋째, TI는 고급 디자인된 사찰 관련 상품의 개발을 가능하게 해주기 때문이다. 종교조직, 더구나 무소유로 인식되는 불교교단에서 상품을 개발한다는 자체가 어색하게 들릴 수 있다. 숭유억불의 조선시대 이후 우리불교는 무위도식(無爲徒食)한다는 사회적으로 왜곡된 인식을 극복하고자 선농불교와 생산불교를 도모하여왔다. 그리고 현대사회에 들어서는 수행만으로는 교단과 사찰이 운영되지 못하는 생존의 문제로 인하여 사찰에 경영이 실재하고 있다. 그런 맥락에서 현재 사찰들은 전통적인 목탁, 염주, 부채, 열쇠걸이를 비롯하여 최근에는 머그컵, 에코백, 핸드폰 케이스 등에 이르기까지 불교 문양이 새겨진 각종 불교문화상품을 판매하고 있다.

그러나 대부분의 상품들은 사찰별 특성이 없다. 전국 어느 사찰에서나 대동소이한 상품들을 사게 된다. 이런 상황에서 고급스럽게 디자인된 TI가 로고로 찍힌 불교문화상품은 매력적인 기념품이 된다. 사찰에서 판매되고 있는 불교용품들이 고급스런 느낌을 주지 못하고 있는 현실에서 고급 디자인이 새겨진 기념품은 눈에 띄는 차별성을 줄 수 있다. 또한 TI는 사찰의 불교용품점에서 팔고 있는 중구난방(衆口難防)인 상품들에 통일감을 주는 효과도 있다. 사실 불교용품점의 상품들은 종류가 다양하고 그 진열도 전문적이지 않기 때문에 사람들은 정돈된 느낌을 받지 못한다. 그러나 동일한 TI의 로고가 상품마다 새겨있다면 여러 상품이지만 단일한 통일감을 줄 수 있음은 물론 사찰의 로고로 인하여 믿을 수 있다는 신뢰감까지도 주게 될 것이다.

TI를 도입한다고 하여서 당연히 사찰이 발전하는 것은 아니다. TI의 도입 못지않게 그 운용이 중요하다는 이야기다. 일단 TI가 도입되면 종무원은 물론 신도들에게 그 의미를 우선 상세히 설명해 주어야 한다. TI는 말 그대로 사찰[Temple]의 정체성[Identity]이 통합된 이미지이기에 그 안에 담긴 사찰의 스토리텔링(storytelling)을 대중이 이해할 수 있도록 전달해야 하는 것이다. 사찰이 소식지인 사보(寺報)를 간행하고 있다면 그 곳에 게재하는 것이 전달에 보다 효과적이다.

TI는 지속적인 관심과 관리를 필요로 한다. TI 도입 시에는 많은 관심을 보이다가도 일정한 시간이 지나면 그 관리가 이루어지지 않는다. 하지만 TI는 일시적인 쇼(show)가 아니라 사찰의 이념과 행동, 비전이 담긴 정신운동이자 이미지 운동이므로 사찰의 대중이 지속적으로 관심을 가지고 관리를 하여야 한다. 이는 TI가 절대불변이 아니라 수정보완이 필요하다는 의미다. 부처님의 가르침은 영원불변이지만 TI는 시대환경에 따라 변화할 수 있으므로 본질이 손상되지 않는 선에서 수정, 보완할 수 있다. 물론 너무 잦은 수정과 보완은 사람들의 혼동을 초래하기에 지양해야 한다.

기업의 이미지 통합 작업으로 금융권에서 시작된 CI가, 이제는 전자, 패션, 유통, 건설 등의 회사를 거쳐, 지방자치단체, 교육기관은 물론 대학(UI, University Identity)에까지도 확산되었다. 현재는 종교단체, 특히 교회에서 CI도입이 활발하다. 이 같은 상황에서 현대사회 사찰 비전을 실현하기 위해 올바른 사찰상을 정립하고, 그에 부합하는 TI를 도입하여 브랜드 포교를 통한 사찰성장을 준비하는 것이 바람직하다.

8. 사찰 홍보 시대

이제는 사찰도 홍보해야 산다
홍보와 광고는 다르다

사찰홍보! 교회홍보와는 달리 다수의 사람들에게 어색한 느낌으로 다가오는 말이다. 아마도 산중불교라는 고정관념이 깊기 때문인 듯 하다. 사찰은 산중에 은둔한다는 인식이 있기에 사찰을 홍보한다는 생각은 거리감이 있다. 혹자는 심지어 사찰이 홍보를 하는 것이 점잖지 않은 짓이라고도 생각할 수도 있다. 도시포교에 사활이 걸린 한국불교의 상황에는 걸맞지 않는 시대착오적 사고다.

현대사회에서 홍보는 조직의 사활이 걸린 과제다. 사찰의 본분은 포교이며, 포교에 사찰의 명운이 달려있다. 이는 사찰재정과 전법교화의 측면을 아우르는 의미다. 사찰재정의 측면은 포교가 되지 않으면 신도를 모을 수 없고 그렇게 되면 사찰의 재정이 어려워져 존폐의 위기에 놓이는 상황을 지칭한다. 그리고 전법교화의 측면은 사람들에게 사찰의 존재를 알려야 그들이 사찰을 찾고 붓다의 가르침을 접하게 되는 전법교화가 이루어져야 하는 상황을 지칭한다. 이 측면에서 홍보는 포교의 첫걸음이다.

사찰의 홍보방법은 두 가지로 나누어 생각할 수 있다. 한 가지는 '유형적·직접적 방법'으로 온라인을 기반으로 한 홈페이지, 인터넷 카페, SNS 등의 홍보와 오프라인을 기반으로 한 소식지, 전단지, 현수막, 포스터 등의 홍보가 이에 해당한다. 그리고 다른 한 가지는 '무형적·간접적 방법'으로 지역사회 활동을 통한 사찰의 평판과 인지도를 제고하는 홍보이다.

먼저 유형적·직접적 홍보 방법부터 살펴보자. 홈페이지는 온라인 기반의 사찰 홍보를 생각할 때 흔히 가장 먼저 생각하는 방법이다. 현대인들은 어떤 단체나 조직에 대해 궁금하면 인터넷을 검색한다. 이때 가장 정확하면서도 많은 정보를 찾을 수 있는 곳이 홈페이지다. 그렇기 때문에 사찰의 홈페이지는 검색자가 궁금해 하는 정보를 충분히 담고 있어야 한다. 사찰의 법회 종류와 시간, 주지 스님의 소개, 사찰의 역사, 사찰의 전각 소개로부터 불교교리와 불교상식, 그리고 신행활동 및 봉사활동에 이르기까지 다양한 궁금증을 해소할 수 있도록 홈페이지가 구성되어야 하는 것이다.

홈페이지의 구성에 있어서는 시각적인 아름다움과 정보의 업데이트가 중요하다. 사찰의 홈페이지는 불교의 전통미를 세련된 현대미로 승화시켜서 보여줄 수 있어야 한다. 사찰 측의 불교에 대한 전문성과 홈페이지 제작자 측의 전문성이 조화를 이루어야 가능한 일이기에 양측의 의견이 아우러질 수 있도록 한 충분한 논의가 있어야 할 것이다. 시각적인 아름다움이 홈페이지의 외형을 담보한다면 정보의 업데이트(update)는 홈페이지의 내용을 담보한다. 사람들은 사찰의 정보가 궁금해서 홈페이지를 방문했다가 때때로 실망하고는 한다. 홈페이지가 방치되어서 수년전 정보만 올라와 있고 자유게시판에는 상업성 글로 도배되어 있기 때문이다. 이런 홈페이지는 방문자에게 정보에 대한 실망을 넘어서 사찰에 대한 불신을 초래할 수 있다.

홈페이지에서 시각적인 아름다움과 정보의 업데이트가 제대로 이루어지기 위해선 외부 전문 업체에 맡기거나 사찰 내에 능력을 갖춘 전담인력이 있어야 한다. 전자의 경우 제작비와 관리비가, 후자의 경우 고정 인건비가 들어가야만 한다. 사찰의 입장에서는 그 비용이 부담될 수밖에 없다. 사찰의 이런 부담을 덜어줄 수 있는 홍보 방법이 인터넷 카페다.

인터넷 카페는 홈페이지와는 달리 전문기술이 없어도 개설과 관리가 용이하다. 누구나 쉽게 온라인에서 인터넷 카페를 운영하고 있는 것이 이를 반증한다. 인터넷 카페는 화면의 기본구조와 콘텐츠의 기본배정이 규격화되어 제공되기 때문에 운영자는 그때그때 정보만 업데이트 해주면 된다. 혹자는 인터넷 카페가 홈페이지보다 시각적 아름다움과 정보의 전달 측면에서 부족하다고 지적할 수도 있지만, 제작과 관리의 비용을 감안한다면 사찰 홍보에 상당히 유용한 방법임이 분명하다.

홈페이지와 인터넷 카페 이외에 페이스북(facebook), 인스타그램(instagram), 유튜브(You Tube) 등의 SNS를 병행하면 온라인 홍보의 효과를 보다 극대화할 수 있다. 다만 SNS(Social Network Service) 홍보는 신도 특히 젊은층의 개별적 참여가 중요하므로 그들의 관심을 유도하는 것이 과제다.

아무리 인터넷 시대라고 할지라도 신도의 상당수가 온라인 미디어에 익숙지 않은 연령대임을 감안하면 사찰 홍보에서 오프라인 기반의 방법은 여전히 간과할 수 없다. 그 대표적인 사례가 사찰의 소식지인 사보(寺報)다.

사보는 사찰 내의 소식지이자 사찰 외의 홍보지다. 좋은 사보는 사찰 내 신도로 하여금 일체감과 소속감, 자긍심을 갖게 하여서 사찰의 일에 능동적으로 참여하게 만든다. 또한 좋은 사보는 사찰 외의 비불자와 비신도들에게 사찰을 안내하여 이끄는 역할을 한다. 그렇기 때문에 사보의 기획에 있어서 신도를 위한 소식뿐만 아니라 비불자·비신도들이 관심을 가질 수 있는 기사가 게재되어야 한다. 불교교리, 불교상식, 불교경전, 불교문화, 불교인물 등이 그러하다. 더불어 사찰의 행사 소식은 신도와 비신도 모두에게 유용한 정보가 될 수 있다.

그러나 사보 발행의 현실을 돌이켜보면, 답습적인 유인물로 여겨져 제 역할을 다하지 못하는 경우가 많다. 이의 개선을 위해서는 아이디어 창출과 자료 수집부터 원고 작성, 편집, 교정, 인쇄, 배포 그리고 평가에 이르기까지 많은 시간과 노력의 투자가 있어야 한다. 예산의 확보 이외에도 많은 시간과 다양한 노력을 필요로 하는 것이다.

그 중 사보의 질을 담보하는 핵심은 콘텐츠와 디자인이다. 우선 사보의 콘텐츠에는 사찰의 이념과 비전, 사찰의 행사와 교육, 경전의 문구와 해설, 스님의 법문과 동정, 법회의 안내, 포교 활동, 재정의 운용, 신도의 신행수기와 문예, 신도의 애경사와 동정, 봉사활동, 이외 일반 문화와 교양 등이 해당된다.

그리고 사보의 디자인은 콘텐츠를 뒷받침해주는 역할을 한다. 읽는 시대에서 보는 시대로 변화했다는 사실을 감안하면, 디자인의 역할은 뒷받침 그 이상이기도 하다. 사람들은 사보의 내용[콘텐츠]을 읽기 전에 디자인을 보고 읽을지 말지를 결정하기 때문이다.

사보의 레이아웃(layout)은 전문적이고 고도의 기술이 요구되는데 눈길을 먼저 끌 수 있도록 작성해야 한다. 독자의 이해를 높이기 위한 사진과 일러스트는 필수적이며 문안이 많을 때는 발문(跋文)이 효과적이다. 레이아웃은 그저 줄만을 짜 맞추고 늘어놓는 것이 아니라 내용을 알기 쉽고 읽기 편하게 하는 제2의 글이라고 생각해야 한다.

서체 또한 사보의 전체 느낌을 좌우하는 디자인임을 유념해야 한다. 그렇기 때문에 제목과 본문 그리고 발문에 따른 서체의 크기, 간격, 행간, 색채 등을 선택함에 있어서 적절해야 한다. 제목의 서체는 눈에 잘 띄도록 하고, 본문의 서체는 읽기 쉽고 피로감이 적게 하고, 발문의 서체는 제목보다는 약하되 본문보다는 강하게 해야 한다. 더불어 여러 가지 서체를 너무 많이 사용하는 것은 가독성과 안정감을 저해함도 유의해야 한다.

다음으로는 전단지 홍보를 살펴보자. 주로 개신교인들이 교회 홍보를 위하여 길거리에서 전단지를 배포해서인지, 불자들은 전단지 홍보를 불교적인 방법이 아니라고 생각한다. 그러나 전단지 홍보의 목적을 정확히 이해하면 이런 인식은 바뀌게 될 것이다. 흔히 종교단체의 전단지 홍보를 신도를 확보하고자 하는 것으로 생각하고는 한다. 물론 종교단체도 그런 생각으로 전단지 배포를 하는 경우가 많다. 그러나 그런 목적은 불교적으로 여법(如法)하지 못하다. 사찰의 전단지 홍보는 전법(傳法)의 수단이어야 한다. 신도를 모으기 위하여 전단지를 뿌리는 단순한 호객 행위가 아니라 한 장의 전단지에 부처님의 가르침을 담아 전하는 전법이어야 하는 것이다. 전단지가 사람들에게 작으나마 불교와 불법(佛法)에 대한 호감을 갖게 하고 그로 인하여 사찰을 찾도록 인도해야 하는 것이다. 그렇기에 전단지에는 사찰의 소개와 법회 안내 등 홍보성 글뿐만 아니라 사람들에게 위안과 감동을 주어 회심(回心)을 유발할 수 있는 경전의 글들이 담겨야 한다. 이를 위해선 글귀의 선정에 있어서 대중의 고민과 공감을 얻을 수 있도록 신경 써야 한다.

이밖에 현수막과 포스터도 사찰 홍보 특히 산사음악회 등의 일회성 행사나 불교대학 신입생 모집 등의 정기성 행사의 홍보에 상당한 효과가 있다. 현수막과 포스터가 정례적으로 반복되어 거치되거나 부착되면 지역주민들은 그 행사의 존재를 자연스럽게 인지하고 수용한다. 그만큼 사찰의 존재감이 부각되는 것이다.

이제 무형적·간접적 홍보 방법을 간략하게나마 살펴보자. 이 방법을 달리 말하면 '입소문'이다. 눈에 보이는 홍보 매체가 없고 상대방에게 직접적으로 사찰을 홍보하지도 않지만, 사찰이 지역 내에서 열심히 활동하여 지역주민들의 긍정적 평가를 받음으로써 사찰의 인지도가 제고되는 방법이다.

이와 같은 무형적·간접적 관점은 홍보의 영어 표현인 PR이라는 용어에서 보다 분명히 드러난다. PR은 Public Relation의 약자다. 즉 대중과의 관계맺음이 홍보인 것이다. 사찰이 봉사활동, 복지활동, 행사참여 등을 능동적·주체적 그리고 적극적으로 함으로써 지역사회와 좋은 관계를 맺는 것이다. 이 과정에서 사찰에 대한 긍정적 평가가 입소문으로 퍼지고 지역주민들이 친밀감과 호감을 갖도록 만드는 것이다.

마지막으로 사찰 홍보가 사찰 광고가 되지 않도록 해야 한다. 사찰 홍보와 사찰 광고는 분명히 다른 것이다. 요점만 이야기하면, '홍보=저를 알아주세요!'인 반면에 '광고=저를 사주세요!'다. 사찰 홍보는 교화를 위한 전법이지만 사찰 광고는 자칫 영리를 위한 매불(賣佛)이 될 수 있다. 그렇기 때문에 사찰은 양자의 차이를 분명히 알고 광고가 아닌 홍보를 해야 한다.

06

사찰경영, 부처님 법대로 하면 잘된다

종단의 법

공동체

1. 종헌·종법과 율장

종헌·종법에 율장 정신 반영해야
종헌·종법은 수행과 화합의 도구가 되어야

한국승가에 율장은 현대사회에서는 지킬 수 없는 규범으로 아예 단정해버리고, 종헌·종법에만 근거하여 판단하고 행동하려는 경향이 심화되고 있다. 승가의 실제 생활도 율장 보다는 종헌·종법의 적용을 받는다. 이런 영향 때문인지 율장에 대하여 혹자는 승가 행동준칙의 최고 전거(典據)로 치켜세우지만, 혹자는 현대승가의 무용지물로까지 낮춰본다. 전자가 율장이 현대사회에서도 여전히 의의와 가치를 지니고 있는 승가의 근본생활규범이라는 입장인데 반하여, 후자는 율장을 2,600여 년 전 인도승가의 생활준칙으로 현대한국사회에서는 생명력이 끊어진 오래된 문헌 정도로 치부해버리는 것이다. 아마도 전자보다는 후자의 입장에 서있는 사람들이 더 많은 듯하다. 후자 즉, 율장의 무용론을 주장하는 사람들의 상당수는 종헌·종법을 현대사회에서 율장을 갈음하는 승가의 규범이자 준칙으로 간주한다.

그런데 종헌·종법이 승가의 규범이자 준칙이 되기 위해서는 여법성(如法性)을 갖추어야만 한다. 세속의 경영조직, 행정조직이 아닌 출가집단, 수행집단으로서의 승가 규범을 우선 담아낼 수 있어야만 하는 것이다. 그리고 그 전거는 세속조직의 헌법과 법규가 아닌 출세간 조직의 율장에서 찾는 것이 합당하다. 그러나 필자가 어떤 종교의 원리주의자나 근본주의자처럼 율장의 조문 하나하나를 현대사회에 그대로 적용하자고 주장하는 것으로 오인하지는 말았으면 한다. 종헌·종법이 율장의 정신을 갖출 수 있도록 개정 내지 제정하자는 취지이다.

부처님은 출가자들이 수행에 정진할 수 있도록, 그리고 다양한 출가자들이 화합할 수 있도록 하기 위하여 율장을 제정하였다. 즉 율장은 수행과 화합을 위한 승가의 규범인 것이다. 종헌·종법이 승가의 여법한 규칙이 되기 위해서는 승가의 수행과 화합이 현실적으로 실현될 수 있도록 제정되고 운영되어야 한다. 하지만 오늘날의 종헌·종법은 세속의 헌법과 법령의 자구를 수정하여 차용한 것으로 승가의 수행과 화합을 실현할 수 있는 규칙이 되기는 힘들다.

그렇기 때문에 현대사회에 있어서 율장의 무용론 내지 종헌·종법의 유용론을 주장하기에 앞서 율장의 정신을 살릴 수 있도록 종헌·종법을 개정하는 것이 불자로서 사문으로서 행할 우선 자세이다. 물론 종헌·종법에 율장의 정신을 반영하는 작업은 정치적·기술적(技術的)으로 매우 지난할 수 있다. 그래서 그런지 이런 필요성에 대한 논의는 있었지만, 그 구체적 시도는 없었다. 하지만 종헌·종법의 유용론과 율장의 무용론을 제기하기에 앞서 세속조직의 규칙을 모방한 종헌·종법에 근거하여 종단을 운영하는 것은 출세간의 승가를 세속집단으로 변질시킬 수밖에 없다는 심각성을 주목하여야 한다. 사람은 제도에 구속되고 영향을 받는데, 종헌·종법이 세속적 내용으로 가득하다면, 그 종헌·종법을 지키는 승가는 당연히 세속화될 수밖에 없는 것이다. 종헌·종법을 열심히 지킬수록 출세간의 승가가 점점 더 세속화되는 모순된 상황이 발생하는 것이다.

필자는 미력하지만 20여 년 간 현대불교의 종헌·종법을 근간으로 하는 종무행정 분야를 연구해왔다. 하지만 역설적이게도 불교종단과 한국승가의 다양한 문제를 접하면서, 그 문제의 근원이 세속화에 있음을 인지하게 되었고, 세속화로 인하여 야기되는 문제들의 근원적 해결을 고민하면서 율장의 부재로 인한 아쉬움을 절실히 느껴왔다. 그렇기 때문에 종헌·종법에 율장의 정신을 살리는 것이 곧 세속화된 한국승가를 살리는 길이라고 생각한다. 또한 한국승가가 율장을 저버리고 종헌·종법만을 금과옥조(金科玉條)로 여겼기에 세속화가 심화된 것은 아닐까하는 의문이 지워지지 않는다.

2. 승가의 화합은 소유의 평등으로부터

승가의 부익부 빈익빈 심각
경제적 불평등은 화합을 위협
부처님 "평등 소유" 강조

한국승가에 부익부 빈익빈(富益富 貧益貧)이 존재한다는 말이 들린다. 계량적, 통계적으로 확인하기는 힘들지만, 스님들과 신도들의 체감에서 자연스럽게 생겨난 우려의 목소리인 듯하다. 이는 승가의 화합을 근본적으로 위협하는 일이기에 절대 있어서는 안 된다. 승가의 어원인 saṃgha의 뜻이 화합임을 상기하면, 현 상황에 대한 위기감이 더욱 상기될 수밖에 없다.

공동체에서의 불평등은 그것이 국가든, 승가든, 심지어 가족일지라도 갈등과 분열을 초래한다. 사람들은 구성원으로서 자신이 다른 사람에 비하여 불평등한 대우를 받게 되면 불만을 갖게 되고, 그것이 심해지면 보다 더 갖기 위하여 싸움도 불사하고는 한다. 여러 가지 불평등이 모두 불화의 원인이 되기는 하지만 경제적인 불평등은 훨씬 더 그러하다. 경제적 불평등을 달리 표현하면 소유의 불평등인데, 공동체에서의 개인간 소유의 차이는 그 무엇보다 민감한 사안이 될 수 있기 때문이다. 소유는 탐하는 마음의 주요 요인이 되고, 다른 사람보다 적게 소유하게 되면 성내고, 이로 인하여 사람이 어리석게 된다. 그렇기 때문에 비록 승가라고 하더라도 소유의 불평등은 구성원의 갈등과 분열의 원인이 될 수밖에 없는 것이다. 달리 말하면, 시주물의 소유 문제는 승가공동체의 화합 여부를 판가름 짓는 주요 문제가 되는 것이다. 이에 부처님은 집착을 끊으라는 근본적 가르침과 더불어 평등하게 소유하라는 방편적 가르침을 주셨다.

승가의 시주물 중 옷과 음식 등과 같이 개개인이 나눌 수 있는 가분물(可分物)은 동등하게 분배하여 개별적으로 소유하여 현재의 구성원들이 사용하게 하셨고, 정사나 토지와 같이 개개인에게 나누어 줄 수 없는 불가분물(不可分物)은 공동으로 소유하여 과거, 현재, 미래의 승가에 전승하게 하셨다. 그러나 오늘날 한국승가에는 가분물을 불평등하게 분배하는가 하면 불가분물을 개인 소유로 하는 현상이 심해지는 듯하다. 부처님이 승가의 화합을 위하여 정하신 소유 원칙을 지키지 않는 것이다. 하지만 이 원칙은 시대에 장소에 따라 달리 행해질 수 있는 율장 조문의 적용과는 관계없이 항상 어디서나 지켜져야만 한다. 소유의 불평등은 승가의 분열인 파승(破僧)과 직결되기 때문이다.

그런데 승가의 소유 불평등은 현실적으로 그 해결이 절대 녹록하지가 않다. 특정 원칙과 그것의 실천은 종종 별개의 문제가 되고 말기 때문이다. 조계종이 당해 종단 소속의 스님이 입적한 후에는 개인명의 재산을 종단에 출연하도록 하는 유언장의 작성을 종법(宗法)으로 의무화하였지만, 스님의 입적 후 개인명의 재산들이 종단에 귀속되지 않고 외부로 망실되는 사례들이 종종 발생하는 것에서 그 단면을 확인할 수 있다.

승가의 소유 평등 문제는 근본적, 방편적 두 가지 측면에서 고민할 필요가 있다. 근본적 해결책은 승가공동체 의식 교육의 강화이며, 방편적 해결책은 승가 공공재원의 형성이다. 승가공동체 의식 교육의 강화란 행자의 초발심 교육부터 비구의 재교육에 이르기까지 각 종단 차원에서 승가가 화합공동체임을 스님들이 의식할 수 있도록 의무적으로 교육하는 것이다. 아무리 제도가 훌륭하여도 그것을 지키고자 하는 의식이 없다면 무용지물이기 때문에 승가가 화합공동체임과 그것을 지키기 위해선 소유의 평등이 전제되어야함을 의식할 수 있도록 의무 교육을 하는 것이다. 그리고 승가 공공재원의 형성이란 승가 전체의 공유재산을 확충하는 것이다. 이는 소유의 불평등으로 인하여 소외되는 스님을 승가의 공유재산으로 보살피자는 취지다. 출가하여 승가공동체의 구성원인 스님이 되었다면, 수행과 포교의 삶에 따른 생활과 노후는 승가공동체가 책임지고 해결해주어야 한다.

3. 시대 변화와 교구 재편

현 교구제 50여 년 전 체제 그대로
사찰과 인구의 수를 고려한 교구 재편 필요

'교구자치', '교구중심', '교구분권'은 매번 조계종 총무원장선거에서 모든 후보들이 내거는 교구제 관련 핵심공약이다. 언제부터인지, 조계종 총무원장선거 때마다 교구제가 중요 종책(宗策)으로 등장하고 있다. 교구(敎區)는 포교나 감독과 같은 운영의 편의를 위하여 나누어 놓은 종교적인 행정구역이며, 이 교구를 관리하는 제도가 교구제다. 그런데 교구제와 관련된 총무원장 후보스님들의 공약을 살펴보면, 교구자치·교구분권·교구중심 등 중앙의 권한을 지방에 이양하는 선심성 공약은 많으나 정작 교구 자체에 대한 개선방안은 제시되지 않고 있다.

이에 필자는 한국불교에서 100여년이 넘는 교구제의 역사를 살펴보고, 현재적 관점에서 필요한 개선방안을 제시하고자 한다.

교구제의 연원을 일제강점기인 1911년의 〈사찰령〉에서 찾는 시각이 많지만, 그 이전인 조선불교총종무소(朝鮮佛教總宗務所)인 원흥사(元興寺)에서 비롯되었다고 보는 것이 보다 합당하다. 원흥사는 1899년에 조선왕조가 승려의 도성출입금지를 해제한 후 왕실서 세운 첫 사찰이다. 이 원흥사를 조선불교총종무소로 삼고 13도에 각 1개소의 수사(首寺)를 두어 전국의 사찰을 총괄 관리하기 시작한 것이다. 이로 인해 교구제가 성립된 것으로 볼 수 있으며, 원흥사는 총무원에, 수사는 본사에 해당한다.

이후 1902년, 이 원흥사에 궁내부 소속이었던 사사관리서(寺社管理署)가 이전되었다. 이때 제정된 〈국내사찰현황세칙〉에는 교단체제가 대법산(大法山)과 중법산(中法山)으로 구성되어있다. 원흥사를 총무원인 대법산으로 하고, 16개의 대찰(大刹)을 본사인 중법산으로 지정한 것이다.

그리고 일제강점기가 시작되면서 1911년 〈사찰령〉과 〈사찰령시행규칙〉이 공포되었다. 〈사찰령시행규칙〉에는 30본산(本山)이 지정되어있는데, 오늘날 교구본사들과 대부분 일치한다. 그러나 총본산이라 할 수 있는 원흥사는 30본산으로 지정되지 못했으며, 한국불교의 구심점이라 할 수 있는 대본산 제도 자체도 사라졌다. 대본산 혹은 총본산을 지정 시 항일운동의 거점이 될 수 있다는 생각에서 배제한 것으로 판단된다. 일제는 1924년 11월 20일 〈사찰령 시행규칙〉을 개정하여 전라남도 구례군 화엄사를 추가로 포함하여 31본산을 성립시켰다. 이후 불교계는 1941년 4월 〈조선불교조계종총본산태고사법〉을 제정하여 '사격을 총본사·본사·말사의 3종(제7조)'으로 하고 '태고사(현 조계사)를 총본사로 지정(제8조)'하였다.

1945년, 광복을 맞이한 불교계는 불교혁신을 위한 방안들을 논의하였는데, 그 중의 하나가 교구제였다. 교정(教政) 기구의 개혁을 논의하면서 일제가 제정한 〈사찰령〉을 부정하고 〈조선불교조계종총본산태고사법〉과

31본산제를 폐지하였다. 그리고 그 대안으로 〈조선불교교헌〉을 제정하고, 이전 본산체제를 각 도에 교구 교무원을 설치하여 각 도 교정의 중심으로 삼도록 하는 도별 교구제로 전환하였다. 즉 서울의 중앙총무원과 13교구의 체제를 형성한 것이다. 이 도별 교구제는 불교정화운동의 과정을 거쳐 비구와 대처의 통합종단까지 유지되는데, 이후 불교재건비상종회는 통합종단의 종명을 현재의 대한불교조계종으로 정하는 한편 도별 교구제를 폐지하고 오늘날의 교구제인 25교구 본사제를 제정한다.

당시 지정된 교구본사는 1교구본사 총무원 직할, 2교구본사 용주사(경기도), 3교구본사 건봉사(강원도), 4교구본사 월정사(강원도), 5교구본사 법주사(충북), 6교구본사 마곡사(충남), 7교구본사 수덕사(충남), 8교구본사 직지사(경북), 9교구본사 동화사(경북), 10교구본사 은해사(경북), 11교구본사 불국사(경북), 12교구본사 해인사(경북), 13교구본사 쌍계사(경남), 14교구본사 범어사(경남), 15교구본사 통도사(경남), 16교구본사 고운사(경북), 17교구본사 금산사(전북), 18교구본사 백양사(전남), 19교구본사 화엄사(전남), 20교구본사 선암사(전남), 21교구본사 송광사(전남), 22교구본사 대흥사(전남), 23교구본사 관음사(제주), 24교구본사 선운사(전북), 25교구본사 봉선사(경기)이다.

이 25교구본사의 공식지정 전에 비구 측은 이미 1959년 각도의 교무원을 해체하고 전국에 24개 수사찰(首寺刹)을 두었는데, 이것을 통합종단의 종헌에서 교구본사로 확정지었다. 현재의 조계종은 3교구본사를 건봉사에서 신흥사로 변경하고, 특별교구인 군종교구와 (미국동부)해외교구를 각각 1곳씩 신규로 지정한 것 이외에는 통합종단 출범시의 25교구본사 체제를 그대로 유지하고 있다.

교구제는 조계종에 특정된 제도는 아니다. 우리나라에는 260개 이상의 불교종단이 있으며, 이중 대한불교조계종, 한국불교태고종, 대한불교천태종, 대한불교진각종이 흔히 4대 종단이라고 회자되며, 조계종, 태고종, 천태종, 진각종이라고 약칭한다.

그중에서도 조계종이 가장 크며, 24개 지역교구와 2개의 특별교구[군종교구, 해외교구]로 구성되어 있다. 각 교구별로 교구의 종무를 관장하고, 해당 관할의 사찰을 지휘 감독하는 본사를 두고 있으며, 그 대표권자를 본사주지로 지정하고 있다. 태고종은 27개 지역교구와 1개의 해외교구로 구성되어 있다. 각 교구별로 업무를 총괄하는 교구 종무원을 운영하고 있으며, 그 대표권자를 교구 종무원장이라 칭한다. 천태종은 총본산인 구인사의 산하에 모든 사찰이 말사로 소속되어 있으며, 교구 단위의 조직은 존재하지 않는다. 다만 지역의 대표사찰을 중심으로 지회들이 조직되어 있으나 지회의 결성과 그 가입이 임의적이기에 조계종의 교구와는 개념을 달리한다. 진각종은 서울교구, 대구교구, 부산교구, 대전교구, 전라교구, 경주교구, 포항교구 등 7개의 교구로 획정되어 있으며, 각 교구에 심인당들이 소속되어 있다. 그리고 교구청이 설치된 심인당이 교구의 업무를 총괄한다. 이 교구의 대표 심인당이 조계종의 본사에 해당하며, 그 대표권자를 교구청장이라 칭한다. 즉 한국불교의 소위 4대 종단 중 천태종을 제외한 조계종, 태고종, 진각종이 교구 체제를 형성하고 있는 것이다.

본고에서는 한국불교의 종단 중 교구제 논의가 가장 활발한 조계종의 교구제에 대하여 살펴보고자 한다. 현행 조계종의 교구제가 현시점의 사회적, 경제적, 지역적 상황을 제대로 반영하지 못하고 있기 때문이다. 한국불교의 차원에서 교구제가 도입된 지는 이미 백년하고도 수십 년이 흘렀으며, 대한불교조계종의 차원으로 보더라도 현재 교구는 1962년 비구·대처 통합종단의 출범 시 획정된 것으로 50여 년이 경과하였다.

현행 조계종의 교구제는 조계사와 부산의 범어사, 대구의 동화사, 충북의 법주사, 제주의 관음사를 제외하고는 관할 범위와 국가행정구역의 분류가 일치되지 않고 있으며, 인천, 광주, 대전, 울산 등의 광역자치단체에는 교구본사가 아예 위치하고 있지도 않다. 그리고 이들 광역자치단체에서는 지역의 관할 본사가 불분명하여 어느 본사도 책임지고 포교에 나서지 않고 있는 상황이다.

이러한 교구의 포교 공동화(空洞化) 문제를 해소하고, 교구의 관리 운영을 효율적으로 하기 위해서는 현행 교구본사의 관할 지역을 국가행정구역과 일치시키는 것이 바람직하다. 그러나 이미 각 본사별로 지역에 상관없이 설립된 말사들을 인위적으로 재편한다는 것은 본사 간 이해관계에 따른 갈등을 불가피하게 유발할 수밖에 없는 바, 장기적 계획 하에 점진적으로 교구 편제를 조정해나가야 한다. 이를 위해서는 총무원과 각 교구가 협의체를 구성하여 교구 관할범위를 합의 후 각 교구는 각자의 관할지역 내에서만 소속의 말사들을 설립할 수 있도록 총무원이 허가해주어야 한다.

이와 같은 교구관할구역과 국가행정구역의 일치라는 원칙 속에서, 비대한 교구는 분구하여 운영의 합리성을 제고하고 지역환경에 효율적으로 대응할 수 있도록 하여야 한다. 특히 직할교구는 그 비대성으로 인하여 여타의 교구에 비하여 분구가 시급한 실정이다. 조계종이 제공한 자료에 의하면, 교구별 사찰 수에 있어서 1순위인 직할교구와 최하순위인 23교구는 13배 가까운 차이가 존재하며, 1순위인 직할교구와 2순위인 14교구 사이에도 2배가 훨씬 넘는 차이가 존재한다. 그리고 교구별 승려 수에 있어서는, 1순위인 직할교구와 최하순위인 23교구는 36배 이상의 차이가 존재하며, 1순위인 직할교구와 2순위인 12교구 사이에도 2배 이상의 차이가 존재한다. 이상에 의하여, 사찰과 스님이 모두 직할교구에 집중되어 있음을 알 수 있으며, 그에 따라 종단의 행정이 비효율적으로 이루어지고 있음을 추론할 수 있다. 너무나도 비대해진 직할교구의 분구(分區)에 대한 필요성이 대두되는 대목이다.

직할교구의 분구는 서울의 지리적 여건상 분리가 편리한 강남과 강북으로 획정하는 방안을 우선 고려할 수 있다. 강남은 봉은사를, 강북은 조계사를 교구본사로 지정할 수 있을 것이다. 하지만 강남과 강북으로 직할교구를 분구하여도 여전히 그 비대성이 해소되지 않는다면, 다소 구역의 획정이 복잡하더라도 인천·강화 지역까지도 포함하여 수도권을 3개로 분구하는 방안을 검토할 필요가 있다.

직할교구의 분구와는 별도로 교구본사가 미지정되어 있는 광역자치단체지역에는 교구의 획정 혹은 신설을 강구하여야 한다. 인구밀집지역인 광역자치단체는 주요 포교대상지역임에도 불구하고, 인천·광주·대전·울산 등 광역시는 종단교구체계의 미비로 그동안 교구관할이 불분명했다. 이들 광역시에는 그 관할 교구본사가 지정돼 있지 않아서 포교 공동화 현상이 발생하고 있기에 교구본사가 신설되거나 기존 교구본사 간 관할구역이 획정돼야 한다. 그런데 현재는 이들 광역시에서 공동화 현상이 발생하고 있지만, 교구의 신설내지 획정이 실제로 진행된다면 교구본사 간 관할구역의 다툼이 발생할 소지가 많다. 이에 특정한 광역시에 여러 본사가 중첩되어 말사를 창건하여 포교를 하고 있었다면, 단기적으로는 공동사무소를 설치 운영하여 공동으로 운영하는 조치를 고려할 필요가 있다.

4. 교구자치는 중앙과 교구의 실현의지가 관건

공약(空約) 아닌 공약(公約) 되어야
총무원장과 본사주지의 의지에 달려

총무원장선거에서 공약 즉 종책이 점차 강조되고 있다. 종책선거라는 말이 대두될 정도다. 그런데 매 선거 때마다 빠지지 않는 종책이 교구자치 공약이다. 조계종의 후보스님들은 개혁종단 출범 이후 당락의 결과에 상관없이 모두 교구자치를 공약으로 제시하여왔다. 아마도 총무원장을 선출하는 선거인단이 각 교구에서 선출되고 있기에 후보스님들이 중앙이 교구를 통제하지 않겠다는 의미로 '교구자치'를 약속해온 것으로 보인다.

교구자치의 정확한 정의는 '각 교구의 종도들이 교구단체를 구성하여 중앙종단의 일정한 감독 아래서, 그 교구의 공동문제 또는 공동사무를 교구단체의 자기 부담과 책임으로, 스스로 처리하는 것'이라고 할 수 있다. 그러면 교구자치는 왜 필요한가. 여러 가지 필요성이 있겠지만, 무엇보다 불교종단의 민주화가 가장 중요한 이유라고 할 수 있겠다.

1980년대 후반과 1990년대 초반, 한국사회는 민주화 열기 속에서 자치단체장 및 의원 등을 국민의 선거로 선출하는 지방자치제를 전면적으로 시행하였다. 이와 같은 사회의 민주와 자치에 대한 열망은 한국불교로도 이어져 조계종단은 개혁 열풍에 휩싸이게 된다. 개혁불사(改革佛事)로 불리는, 종단개혁의 핵심은 교구분권 내지 교구자치였다. 종단의 불안정과 파화합이 총무원장의 권한 과대로 인한 각종 병폐에서 야기된 것으로 파악하고 총무원장에게 집중된 권한을 교구로 이양하고자 한 것이다. 산중총회의 본사주지 선출권과 본사주지의 말사주지 품신권, 지방의회격인 교구종회의 설치, 재가신도의 참여를 위한 사찰운영위원회 등은 그 대표적인 결과물이라 할 수 있다.

그러나 이러한 조계종의 교구분권 시도에도 불구하고 현재 교구자치가 제대로 정착되었는지는 미지수다. 상당한 시간이 경과하였지만 조계종은 여전히 총무원장 중심제의 종단으로 평가되고 있으며, 관련하여 교구의 민주성과 자율성 그리고 독창성도 부족한 것으로 지적되고 있기 때문이다.

교구자치가 이와 같이 정착하지 못하고 있는 가장 중요한 원인은 중앙과 교구의 무관심이다. 총무원장 선거과정에서 공약으로는 교구분권과 교구자치를 강조하던 총무원장 후보들과 계파들은 일단 종권(宗權)만 획득하면 그 이후에는 무관심한 행태를 보여주고는 하였다. 교구자치에 대한 공약(公約)은 그야말로 공약(空約)에 그치고는 말아왔던 것이다.

그리고 본사주지 스님을 중심으로 한 특정문중의 권속들은 교구 권한의 대부분을 차지하고 세속적 성과물을 나누어 가지는데 관심을 기울인 채 교구발전의 근본 요소이자 역량인 교구자치의 정착 여부에 대해서는 특별한 관심을 기울이지 않아 왔다. 본사주지 스님에게 집중된 권한과 그 남용, 특정문중의 현실만족, 그리고 이로 인한 교구자치에 대한 무관심이 교구자치의 정착과 발전에 장애로 작용하고 있는 것이다.

그동안 중앙과 교구 공히 교구자치에 대하여는 지식도 관심도 없었다고 평가할 수 있다. 교구자치는 그동안 총무원장에 그리고 본사주지에 당선되기 위한 공약성(空約性) 공약(公約)으로 보여진다. 중앙과 교구의 고위 종무원(宗務員) 내지 집권(執權) 계층의 의식 속에 교구자치는 허울뿐인 제도였던 것으로, 그들의 지식과 가치의 체계 속에 교구자치라는 것은 해도 그만 안 해도 그만인 존재로 인식되어온 측면이 강하다.

조계종의 교구자치를 위해서는 총무원장 스님의 교구분권에 대한 의지가 제일 중요하다. 교구분권은 권한을 나누는 것이며, 나눌 권한의 소유자는 바로 총무원장 스님이기 때문이다. 즉 권한의 소유자가 권한을 나눌 의사가 전제되어야 분권이 이루어지는 것이다. 총무원장 후보자는 교구의 선거인단으로부터 표를 얻어야 하기에 교구분권과 교구자치에 대한 선심성 공약을 제시하고는 하였다.

그러나 당선된 후에 총무원장 스님이 교구자치에 필요한 자신의 권한을 교구로 이양하고자 한 사례를 찾기는 결코 쉽지 않다. 그동안 중앙종단의 교구자치에 대한 조치는 사찰 방재 지원 체제 구축, 본사종무행정 프로그램의 보급 등 종무행정 영역의 교구 종무행정에 대한 서비스 수준에 그쳐왔다.

이제는 총무원장 스님이 교구자치의 실현에 대한 구체적 실천의지를 강하게 표명해야 한다. 교구분권과 교구자치를 위하여 교구자치법의 제정, 중앙사무의 교구이양, 재정상의 교구자율권 신장, 중앙과 교구 간 분권협의의 활성화 등에 보다 더 구체적인 의지를 보여주어야 하는 것이다.

교구자치의 실현을 위해선 총무원장 스님뿐만 아니라 교구, 특히 교구장인 본사주지 스님들의 의지도 중요하다. 하지만 현재 교구의 본사주지 스님과 종회의원 스님들은 자신들의 교구 내 입지에 만족하여 교구자치와 교구분권에 대한 의지를 잃은 것은 아닌가 하는 의구심마저 들게 하고 있다. 본사주지 스님들은 말사주지의 임면과 사찰의 불사에는 적극적이지만 교구자치를 위해 종단중앙에 이의를 제기하거나 교구권한의 강화를 적극적으로 주장하지는 않는 것으로 보인다.

이를 개선하기 위해서는 교구 내 종도들의 정치적 관심이 제고되어야 한다. 교구자치는 교구민(敎區民)에 의한, 교구민을 위한, 교구민에 의한 정치과정임으로 교구민, 즉 교구종도들의 관심이 성패의 관건이다. 교구자치가 정착되는데 가장 필요한 사항은 교구종도들이 자기 권리를 행사하고 의무를 이행하는 일이다. 그러나 신도는 교구의 정치 및 운영에는 참여할 수 없는 종헌·종법의 현실 속에서 스님들이 문중과 금권(金權)을 초월하여 참여해야만 한다. 문중과 금권에 휩쓸려 바람직한 본사주지를 선출하지 못해 폐해가 발생한다면, 이는 오로지 종단 스스로 감수해야 한다는 점을 명심하고 종도로서의 권리를 행사해야 하는 것이다.

지금까지는 중앙과 교구 양자의 관계에서 교구자치의 문제를 분석해 보았다면, 이제부터는 교구자치의 주체인 교구의 내부 관계에서 문제를 살펴보고자 한다. 교구자치는 행정권과 입법권이 견제와 균형을 이루어야 실현될 수 있다. 현재 교구의 권한은 본사주지 스님에게 지나치게 편중되어 있는데, 이것이 교구자치의 실현을 저해하고 있는 것으로 보인다. 입법기관인 교구종회에 비해 행정기관인 본사주지에게 모든 권한이 주어지고 있어서 양 기관 간 권력 불균형이 심한 것이다.

교구는 행정과 입법의 두 수레바퀴가 균형을 이루어야 전진할 수 있다. 그러나 조계종의 교구는 행정기관의 바퀴만 지나치게 크고 입법기관의 바퀴는 너무 작아서 앞으로 나아가질 못하고 제자리만 맴돌 수밖에 없다. 상황이 이러함에도 불구하고 조계종은 교구 내 심각한 권력 불균형의 문제에 대하여 논의도 하지 않고 고치려고도 하지 않는다.

1994년 개혁불사 시 교구종회가 가진 교구자치적 상징성을 고려할 때, 교구종회가 본사주지 스님의 들러리에 머무르는 현실은 분명히 개선이 시급한 과제이다. 이를 위해서는 본사주지에게 집중된 권한을 교구종회에 분산하여 본사주지와 교구종회가 견제와 균형을 이룰 수 있어야 한다.

하지만 그 현실은 녹록치 않다. 교구자치의 이념상으로는 행정기관과 입법기관이 분리되어야 하나 조계종의 현실은 본사주지가 양 기관의 장을 겸직하도록 되어있기 때문이다. 종헌에 의하여, 본사주지는 당해 교구의 종무행정을 통리(統理)하는 대표권자일뿐만 아니라(종헌 제91조 ①항) 입법기관인 교구종회의 당연직 의장이 된다(종헌 제85조 ③항). 게다가 본사주지는 교구종회의 구성에 있어서도 절대적 영향력을 행사하는 지위에 있다. 교구종회는 본사주지, 본사부주지, 본사 각 국장, 말사주지와 직선으로 선출된 10인의 의원으로 구성된다(교구종회법 제2조 ①항). 그러나 본사주지가 본사의 부주지와 각 국장의 임명권자이자 말사주지의 품신권자이기 때문에 교구종회가 본사주지를 견제하는 것은 원천적으로 한계가 있게 된다.

본사주지 스님이 교구종회의 의장이 되고 교구종회의 의원 스님들을 자신의 인물들로 구성할 수 있는 현행 교구권력 구조에서는 본사주지 스님에 대한 견제와 감독이 불가능한 상황임이 확실하다. 이러한 교구의 권력 불균형을 해소하기 위해서는 교구종회의 독립이 반드시 필요하다. 교구종회의 독립은 본사주지 스님의 영향력으로부터의 탈피라 하여도 과언이 아니다. 이를 위해서는 우선, 본사주지 스님이 당연직 교구종회의장이 되는 것이 아니라 본사주지에 비견되는 자격을 갖춘 중진 승려가 그 의장이 되어야만 한다. 혹자는 본사주지 스님이 교구종회의 의장이 되는 것이 사업집행의 능률성과 안정성을 담보할 수 있다고 볼 수도 있으나, 행정기관이 자신의 시행사업에 대하여 자신이 조사하고 감사하는 것은 논리적, 현실적으로 모순이다. 또한 동일한 맥락에서 본사의 부주지와 각 국장들이 당연직 교구종회의원이 되는 것도 명분을 찾기가 힘들다. 향후 본사의 부주지와 각 국장들에게는 교구종회의원 피선거권을 부여하지 말고, 자격요건을 갖춘 여타의 승려들이 교구종회의원으로 참여할 수 있도록 문호를 넓히는 것이 교구의 민주화에 부응한다.

이제 교구자치제의 실정에 대한 조계종의 자성과 대책이 있어야 한다. 중앙의 총무원장 스님과 부실장 스님 그리고 중앙종회의원 스님들이 앞장서서 교구자치의 발전에 더 적극적으로 임하여야 하며, 교구의 발전을 위한 전향적인 정책들도 보다 더 강력하게 추진하여야 한다. 그리고 권리 위에 잠자고 있었던 교구의 본사주지 스님과 종회의원 스님들도 이제는 교구분권과 교구자치를 위해 좀 더 열정적으로 소임에 봉직하여야 한다. 그것이 바로 자신들에게 지위와 권리, 그리고 명예를 부여한 교구종도들에 대한 책무를 다하는 길이다.

5. 본사는 수행과 포교 종가(宗家)

본사는 개별 대찰(大刹) 아닌 교구 종갓집
수행 중심지와 포교 구심점 되어야

한국불교에는 종단별로 본사(本寺)들이 있다. 본사는 포교와 행정의 편리를 위하여 획정한 구역인 교구(敎區)를 관할하기 때문에 종단에 따라서는 교구청이라고도 부른다. 그만큼 말사(末寺)라 불리는 본사 산하의 사찰보다는 규모가 크다. 본사는 절 집안에서 종종 큰절로 불린다. 절의 규모가 커서 그렇게도 부르지만 세속에서 맏형 또는 그 자손의 집을 큰집으로 이르는 것과 같은 맥락이기도 하다. 그 큰집 중에서도 보다 큰집이 종갓집이다. 엄밀히 보면, 절 집안에서 본사는 큰집이기 전에 종가다.

종가(宗家)는 한 문중에서 맏이가 이어가는 큰집으로 집안의 중심이 되어 가풍을 계승하고 대소사를 주관한다. 조계종의 교구에 있어서는 큰절로 불리는 본사가 그 역할을 수행해야 한다. 조계종의 지방조직은 1개의 본사와 이에 소속된 수십에서 수백 개의 말사로 구성된 24개의 지역교구로 획정되어 있다. 이에 각 본사는 말사들의 중심이 되는 종가 사찰의 역할을 할 수 있어야 한다.

그러나 실제로는 교구를 아우르는 중추 사찰인 종가보다는 개별 대찰(大刹)로서의 역할에 보다 충실한 것 같다. 본사가 교구의 사찰들을 아우르면서 도와주는 것이 아니라 자기 혼자 크기에 바쁜 것처럼 보인다. 본래 본사는 말사들의 수행과 전법을 이끌어주어야 한다. 본사가 교구의 종가가 된다는 것은 종무행정뿐만 아니라 수행과 전법을 위한 교구 중심지가 되어야 하는 것이다. 하지만 현재의 본사는 말사주지에 대한 품신, 말사로부터의 분담금 징수, 본말사주지회의 운영, 말사에 대한 감사 등 종무원과 말사 사이에서 행정기능을 주로 하고 있다. 교구 종가의 본분인 수행과 전법은 차치하고 방편인 종무행정에 치중하고 있는 것이다.

불교조직은 수행과 포교가 최상의 목표다. 수행은 깨달음을 향하는 승가공동체의 종교적 정체성을 담보하는 것이고, 포교는 한 사람이라도 더 깨달아 중생고(衆生苦)로부터 벗어나도록 하고자 하는 것이다. 본사는 말사들이 이를 실천할 수 있도록 이끌어주는 중추여야 한다.

우선, 본사가 교구의 수행 중심지가 되는 것부터 고민해보자. 본사가 교구에서 수행의 중심지가 되기 위해선 총림의 역할을 수행할 수 있어야 한다. 조계종의 종헌과 종법에 따르면, 총림(叢林)은 선(禪)·교(敎)·율(律)을 겸비한 방장의 지도하에 스님들이 모여 수행하는 종합수행도량으로 선원, 강원(승가대학), 율원 그리고 염불원을 갖추어야 한다. 조계종은 영축총림(통도사), 해인총림(해인사), 조계총림(송광사), 덕숭총림(수덕사), 팔공총림(동화사), 금정총림(범어사), 쌍계총림(쌍계사) 등 7곳의 총림을 지정하고 있으며, 총림의 운영 주체는 교구 내 사찰의 연합체가 아닌 단위사찰로서 본사이다. 이는 본사가 총림 진흥의 주체임을 의미하며, 그것은 곧 본사가 교구의 수행 중심지임을 뜻하는 것이기도 하다. 본사는 교구의 불교진흥을 책임지기에 말사들의 행정센터에서 나아가 승가의 수행 중심지로서 역할을 감당하여야 하는 것이다.

그러나 본사의 총림들이 종합수행도량의 역할을 하고 있는지는 미지수다. 이는 총림의 지정과 운영이 다분히 형식적·정치적인데서 야기된다. 조계종의 〈총림법〉은 총림을 구성하는 선원, 강원, 율원 그리고 염불원 중 2개 이상이 사실상 운영되지 않고 1년 이상 경과하였을 때 총무원장이 총림지정 해제를 중앙종회에 제청하도록 규정하고 있다. 하지만 현재 총림 중 선원, 강원, 율원, 염불원을 전부 갖추지 못한 본사가 절대다수다. 이와 같이 기본조건을 충족하지 못한 본사가 총림으로 지정되고 있는 것은 총림의 지정과 운영이 형식적·정치적으로 이루어지고 있음을 반증한다.

총림의 지정과 운영의 부실을 막는 데는 종법을 철저히 준수하는 '강화 방안'과 종법을 현실에 맞추어 수정하는 '완화 방안'을 모두 생각해 볼 수 있다. 우선, 강화 방안은 '본사 내'에 선원, 강원, 율원, 염불원 등이 모두 갖추어지지 않았을 경우에는 총림 지정을 종헌·종법대로 해제하는 방안이다. 반면 완화 방안은 총림의 지역을 '본사 내'가 아닌 '교구 내'로 확대하여 교구에 선원, 강원, 율원, 염불원을 분산 운영할 수 있도록 하는 방안이다. 그렇게 되면 각 교구에 최소 1개의 총림이 존재할 여지가 크게 된다. 다만 이 경우에는 총림의 선원, 강원, 율원, 염불원에 대한 개별 지정 기준은 현행보다 엄격히 하고, 본사가 교구에 분산된 각 수행처에 대한 감독과 관리를 총괄하여 책임지게 하여야 한다.

총림에 대한 관리와 더불어 교구의 수행역량 강화를 위해서는 수행의 주체가 되는 수좌에 대한 본사의 지원이 필요하다. 간화선은 조계종의 근본수행법이지만 제방에서 정진하는 상당수의 수좌는 노후는 물론 일상생활에 있어서도 여건이 불안정한 실정이다. 물론 혹자는 생사를 벗어나고자 하는 수좌가 세속적 근심을 한다고 비난할 수도 있으나, 현실적으로는 수좌들 역시 인간적 삶 속에 있음을 부정할 수는 없다. 이에 수좌의 열악한 생활여건은 그들을 수행에 전념하지 못하게 만들고 있다. 종단중앙이나 말사가 단독으로 수좌의 생활과 복지를 책임지기에는 무리가 따른다. 종단중앙은 예산의 절대액을 각 교구에서 갹출(醵出)하는 분담금에 의존하는 상황이고, 개별 말사의 대부분은 수좌의 복지까지를 감당할 재정적 여력은 없기 때문이다. 이에 본사가 교구 단위에서 수좌의 생활과 복지에 대한 책임 주체가 되고, 종단중앙과 말사는 지원하는 방안이 현실적이다.

지금부터는 본사가 교구의 포교 구심점이 되는 방안을 이야기하도록 하자. 조계종의 포교는 종단이나 교구가 아닌 주로 말사를 단위로 이루어진다. 조직체계상으로는, 조계종단의 포교조직은 최상위에 별원인 포교원을 정점으로, 중간에 광역조직인 교구본사의 포교국, 그리고 하부에 단위사찰인 말사들이 수직적으로 연계되어야 한다. 그러나 현실상으로는, 포교의 일선에 존재하는 말사가 두 개의 상위 포교기관과의 공유나 연계 없이 독자적, 개별적으로 포교를 한다. 이는 포교에 대한 종단적, 교구적인 네트워크가 형성되지 못한 것으로 이해될 수 있다.

포교 네트워크는 구심점이 필요하다. 그런데 포교원은 종단포교의 정점임에도 불구하고 현장성이 부족한 관계로 포교의 구심점이 되기는 힘들며, 일선 말사들의 중심지인 교구본사가 그 구심점으로 더욱 적합하다. 그런데 본사가 교구포교의 구심점이 되기 위해서는 '체제의 정비'와 '인력의 활용'이 수반되어야 한다.

우선, '체제의 정비'는 본사를 연결고리로 중앙과 말사가 연계되는 구조를 지칭한다. 하지만 그 구조는 본사가 중앙의 포교종책과 포교행정을 말사에 단순히 전달하는 수준이 아니라, 교구 차원의 자체 포교사업을 기획하여 중앙과 말사를 연결하고 시행하는 수준을 의미한다. 본사와 말사 간 연계 포교사업이 신도등록업무 정도인 현재 상황에서 본사가 교구의 통괄자로서 지역포교의 의제와 방안을 수립하고 시행할 수 있어야 하는 것이다.

보다 구체적으로는, 지역포교를 위한 본사 주관의 교구협의체를 결성할 필요가 있다. 본사가 주축이 되어 교구지역의 포교 현안들을 논의하는 협의체를 구성하고, 그 협의체에서 결정한 의제와 방안을 본사와 말사가 연계하여 실행하는 네트워크를 구성하는 것이다. 그런데 이 네트워크의 형성에 있어서는 직할사찰과 사설사암에 대한 종단 차원의 조치가 필요하다. 총무원의 직접 관할에 속하는 직할사찰은 본사의 통제를 벗어나기 때문에 서울지역을 제외한 다른 지역에 직할사찰을 지정하는 것은 종단 차원에서 금지할 필요가 있다. 그리고 개인이 창건한 사설사암은 본사의 지도에 따르지 않는 경우가 많기 때문에 이를 제재할 수 있도록 종헌·종법의 제·개정을 고려해야 한다.

그리고 '인력의 활용'은 본사 7직인 포교국장의 권한 강화와 유휴 포교사의 교구단위 활용을 의미한다. 포교국장은 출가승려 포교인력에 해당하고, 유휴 포교사는 재가신도 포교인력에 해당한다. 교구포교를 책임지는 출가승려의 핵심인력은 본사의 포교국장이다. 승가는 총무, 재무, 교무를 전통적으로 3직이라고 칭하며 존중해왔는데, 이는 종교적 직능보다는 행정적 직능에 보다 초점을 둔 분류로 볼 수 있다.

포교는 종교조직의 존속과 성장에 근간이 된다. 이에 조계종은 1977년 총무원의 부서(部署)급으로 개원된 포교원을 1994년 개혁불사 시에 별원으로 독립시켜서 총무원, 교육원, 포교원의 3원 체제를 수립하였다. 조계종 중앙종직이 행정적 직능에서 종교적 직능으로 개편된 것이다. 이에 교구본사도 총무, 교무, 포교의 직능으로 조직을 정비하여 포교국장을 3직으로 대우하는 것이 조직적 계통상, 그리고 종교적 직능상 합당할 수 있다. 만일 현실적으로 이것이 어렵다면 총무, 교무, 재무 등의 3직에 포교를 추가하여 4직으로 하는 것이 바람직하다. 더하여 현재는 본사 포교국이 담당하고 있는 업무가 정형화·공동화되어 있지 않아서 각 교구본사의 실정에 따라 포교국의 업무가 사회국·교무국과 중첩되거나 관할이 모호한 실정이다. 이에 본사 포교국의 업무 관할권이 종단적 기준에 의하여 규정될 필요가 있다.

포교사 자격고시를 통과한 (재가)포교사는 포교현장의 주요 동력이다. 포교현장의 승려가 부족한 상황에서 포교사는 그 공백을 메울 수 있는 대안이지만 대부분의 포교사들은 개별사찰이나 특정불교대학에 소속되어 해당 단위의 지엽적 포교활동을 하고 있다. 심한 경우 지역의 포교사들은 사찰과도 유리된 채 포교사단들을 중심으로 독자적인 활동을 하기도 한다. 이는 본사가 교구의 포교 중심지로서 해당 구역의 포교사를 조직적으로 관리하지 못하고 있음을 반증한다. 본사가 교구의 포교 중심지가 되기 위해선 교구 포교인력의 활용이 필수적이다. 포교사들의 신행활동은 기존과 같이 자신의 재적(在籍) 사찰을 중심으로 이루어지게 하되, 그들의 포교활동은 본사를 중심으로 교구 차원에서 조직적으로 전개되도록 만드는 것이다. 더불어 포교사 자격증을 취득하고도 활동하지 않는 유휴 포교사들이 많은 바, 수말사들이 유급 포교사를 채용하고 본사가 그들에 대한 교육을 전담하는 방안도 교구 포교 활성화에 기여할 수 있다. 이와 같이 본사가 포교사를 교구 차원에서 관리하는 방안은 사찰별 포교 활동의 편차에 따른 포교의 교구 공동화현상 해소에도 도움이 된다.

6. 불교사회복지는 지역공동체적 의무

사회복지는 한국불교의 오랜 전통
불교사회복지는 공동체로의 회향 실천

자신의 복만을 구하러 다니던 신도들의 마음에서 어느 순간부터 봉사를 하고 싶다는 마음이 생겨난다. 자신과 가족의 행복만을 추구하던 마음에서 다른 사람의 행복을 배려하는 마음으로 전환하는 순간이자 연기공동체임을 자각하는 순간이다. 또한 그 봉사활동이 사회와 연계되면 사찰이 지역공동체로 진입하는 순간이 된다.

신도들의 봉사활동은 대부분 법당 정리정돈, 대중공양 준비, 설거지, 차량통제 등 소소한 사찰 내부의 일을 하는 것으로부터 시작되지만 신도들은 점차 독거노인 지원, 청소년 가장(家長) 돕기, 보육원 봉사 등 사찰 외부의 대사회적 복지활동에 관심을 갖게 된다.

봉사활동의 주체는 신도임에도 불구하고 사찰 내부의 일을 봉사할 것인지 아니면 사찰 외부의 사회복지활동을 할 것인지에 대한 결정은 상당수의 사찰에서 주지 스님의 몫이다. 물론 신도들이 사찰 내부의 봉사활동도 하고 사찰 외부의 사회복지활동도 할 수 있는 여건이라면 문제가 될 것이 없다. 그러나 주지 스님에 따라서는 자신의 사찰에만 치중하여 신도의 사찰 외부 봉사활동은 반대한 채 신도들을 사찰에 묶어두고 오로지 내부의 일만 시키고자 하는 경우가 있다. 아마도 이런 경우는 '절 일도 바쁜데 외부 일까지 할 필요가 있나?'라고 여기거나 '사찰 내부의 일을 하나 사찰 외부의 일을 하나 봉사이기는 마찬가지'라고 생각하는 것 같다.

그러나 신도가 사찰 자체의 일만 하는 것과 대사회적인 일을 하는 것은 봉사로서 갖는 의미와 가치가 다르다. 신도 단위의 차원에서는 신도가 봉사를 했다는 측면에서 양자 모두 동일하다. 하지만 사찰 단위의 차원으로 바라보면, 사찰 자체의 일만 하는 것은 사찰의 자기이익적 행위에 머무르는 것이지만, 대사회적인 봉사활동을 하는 것은 지역공동체의 구성원으로서 사찰의 이타적 행위가 되는 것이다. 즉 사찰의 일만 하는 것은 사찰이 자기성장만 추구하고 지역공동체의 동반성장은 도외시 하는 것이 된다.

신도들이 사찰 내부의 일을 함으로써 사찰의 성장을 주도하는 역할을 유지하게 하면서도 사찰과 사회를 잇는 가교 역할을 할 수 있도록 사회복지활동 환경을 조성해주여야 한다. 신도의 봉사활동이 법회지원과 사찰업무보조 등에서 나아가 소외계층과 약자계층을 위한 사회복지활동으로 나아갈 수 있도록 이끌어주어야 하는 것이다.

그것이 사찰이 불교의 종교적 소명과 사회적 역할을 다하는 것이다. 모든 종교의 궁극적 소명이자 역할은 인간의 고통을 제거해주고 행복하게 해주는 것이다. 불교 역시 다르지 않다. 이를 위하여 석가모니 부처님은 수행을 하고 전법을 한 것이다. 고통으로부터 벗어나고자 '수행'을 한 것이며, 그것을 통하여 깨달은 바를, 즉 고통으로부터 벗어날 수 있는 방법을 중생들에게 전하고자 '전법'을 한 것이다. 이에 수행과 전법을 출가사문의 본분사로 삼는 것이다.

사회복지는 인간의 고통을 제거하여 행복한 삶을 영위하도록 해주는 활동이다. 이는 종교와 사회복지의 소명과 역할이 다르지 않음을 의미한다. 그렇기 때문에 한국불교는 한반도 전래 이후 사회복지를 실천하였다. 《고려사(高麗史)》에 의하면, 동서대비원(東西大悲院), 제위보(濟危寶), 혜민국(惠民局) 등이 설립되어 궁한 자를 일으키는 진궁(賑窮), 재난으로부터 구해주는 구재(救災), 병을 고쳐주는 의료(醫療) 등의 사업을 행했는데, 그중 구재사업은 주로 사찰에서 승려들이 시행하였다. 불교사회복지가 실천되고 있었던 것이다.

그리고 《세종실록(世宗實錄)》에는 심한 배불(排佛) 풍조 속에서도 세종 4년(서기 1442년) 정월에 스님들이 병들고 다친 사람을 치료하였음이 기록되어 있다.

> 도성(都城)의 동쪽 서쪽에 구료소(救療所) 네 곳을 설치하고, 혜민국 제조(惠民局提調) 한상덕(韓尙德)에게는 의원(醫員) 60명을 거느리고 대사(大師) 탄선(坦宣)에게는 승려 3백 명을 거느리고, 군인들의 병들고 다친 사람을 구료(救療)하도록 명하였다.
>
> **置救療所四處于都城東西, 命惠民局提調韓尚德率醫六十人, 大師坦宣率僧徒三百名, 救療軍人之疾病傷折者。**

이외에도 우리의 역사문헌에는 불교계의 사회복지 실천사례가 무수히 많이 등장한다.

그러나 해방 이후 한국불교의 사회복지가 침체를 겪었던 것은 부인할 수 없는 사실이다. 교회하면 사회복지가 연상될 정도로 우리사회에서 성장한 기독교계의 사회복지와 비교하면 불교계의 사회복지는 열악하기 그지없었다. 하지만 근래 들어 불교계의 각 종단 차원에서 사회복지를 진흥하면서 현재는 불교계의 사회복지가 가톨릭을 추월할 정도로 성장하였다. 이는 한국불교가 사회공동체의 일원으로서 기여하는 바가 그 만큼 커졌다고 해석할 수 있다.

그렇다면 일선 사찰에서는 지역공동체의 일원으로서 어떻게 사회복지를 실천하여야 하는가? 우선은 사찰이 사회복지를 하려면 사회복지관을 자체적으로 건립하여 직영하거나 그게 안 되면 위탁으로라도 시설을 운영해야 한다는 고정관념으로부터 탈피할 수 있어야 한다. 사회복지시설의 직영과 위탁에는 적지 않은 자금뿐만 아니라 경영 노하우(know-how)가 있어야만 한다.

물론 사회복지시설을 직영하거나 위탁하는 것이 사찰의 사회복지 실천에는 더없이 좋은 방법이다. 그러나 자금과 경험이 없다고 하여 사찰이 사회복지를 실천할 수 없는 것은 아니다. 이 문제는 사찰에서 신도들이 자원봉사할 수 있는 사회복지 프로그램을 운영하면 해결된다. 비록 사찰에 사회복지시설이 없더라도 자원봉사 프로그램을 통하여 사회복지를 실천할 수 있는 것이다.

사찰에서 할 수 있는 사회복지 자원봉사 프로그램으로는 노인 간병과 가사 지원, 노숙인 무료 급식, 푸드 뱅크(food bank) 등을 생각할 수 있다.

우선 노인 간병과 가사 지원에 대해 살펴보자. 한국사회가 고령화사회로 진입함에 따라 여러 가지 노인문제가 사회적 과제로 대두되고 있는 실정이다. 노인문제는 빈곤, 질병, 무위(無爲), 역할 상실로부터 고독사와 노인자살에 이르기까지 여러 형태로 노정되고 있다. 효를 제일 덕목으로 지켜온 우리사회가 어쩌다 이 지경에까지 이르렀는지 안타까울 정도다. 종교는 전통적으로 사회의 공동체 의식을 강화시켜왔으며, 불교는 효를 사회적으로 실천해왔다. 이에 사찰이 노인문제의 해결에 앞장 서는 것은 효를 사회적으로 실천함으로써 지역에 공동체 의식을 함양시켜주는 것이다. 통계청 조사에 의하면, 우리나라 노인들은 건강검진, 간병, 가사지원, 취업알선, 취미와 여가, 식사제공, 각종 교육, 목욕의 순으로 복지서비스를 희망하고 있는 것으로 나타났다. 이 중 제일 우선순위인 건강검진은 고비용이 발생함으로 사찰에서 서비스를 시행하기가 어렵다. 그러나 이외의 서비스들은 자원봉사조직을 통하여 실천할 수 있는 노인복지 서비스들이다.

노숙인 무료 급식은 노숙인에게 한 끼 식사를 제공함으로써 그들이 보다 인간답게 살 수 있도록 지원해주는 사회복지 프로그램이다. 노숙인 무료 급식을 하는 사찰의 경험에 의하면, 처음에는 신도들이 노숙인과 함께 식사를 하는 것을 꺼려하는 경향이 있기에 양자 간에 장소나 시간을 달리하여 급식을 제공하는 것이 무난하다고 한다. 그리고 노숙인 무료 급식을 시행함에 있어서 단지 무료로 급식을 제공하는 것에 그치지 말고 상담을 아우르는 것이 종교적으로 필요하다고 한다. 만일 식사 제공에 재정적인 어려움을 느끼게 되면 초·중등학교의 급식 후 남은 찬반 및 식료품을 무료로 지원해주는 지역의 '기초 푸드 뱅크'의 지원을 받을 수 있다. 또한 신도의 자원봉사 일손이 부족하면 지역의 자원봉사센터, 새마을부녀회, 공공근로 등을 활용할 수 있다.

푸드 뱅크는 말 그대로 음식 나눔 은행이다. 초·중등학교 및 여타 기관과 단체의 잉여 음식을 취합하여 독거노인, 실직자 가정, 결식아동, 쪽방주민 등 소외 계층에게 음식을 제공해주는 것이다. 사찰에서 푸드 뱅크를 운영할 때는 음식물의 신선도를 유지하기 위하여 음식물의 이동과 보관을 신속히 하고, 냉동차와 냉동창고를 갖추어야 하고, 대형냉장고가 있어야 한다.

만일 이와 같은 여건이 되지 않는다면 도(道)와 시(市)의 사회복지협의회가 운영하는 광역 푸드 뱅크나 군(郡)과 구(區)의 단위 복지관이 운영하는 기초 푸드 뱅크와 연계하는 방안을 고려할 수 있다. 그런데 음식을 무료로 제공받는 것에 대하여 거부감을 느끼는 소외계층이 있을 수 있다. 이들에게는 푸드 뱅크보다는 푸드 마켓(food market)이 적합하다. 푸드 뱅크는 잉여식품을 무료로 제공하지만 음식에 대한 이용자의 기호를 배려할 수 없음에 비하여 푸드 마켓은 잉여식품을 이용자가 기호에 따라 저가로 구입할 수 있다. 만일 푸드 뱅크나 푸드 마켓을 하기가 여의치 않은 사찰에서는 결식아동과 결식노인에게 도시락을 지원하는 사업을 고려할만 하다. 도시락 지원 사업은 지역구청의 지원을 받을 수 있기 때문에 운영이 보다 용이하다.

이러한 사찰의 사회복지 실천이 지역친화로 이어지기 위해선 지역사회의 사회복지 요구를 이해하고 수용하여야 한다. 사찰들이 전술한 노인간병과 가사 지원, 노숙인 무료 급식, 푸드 뱅크와 푸드 마켓 이외에도 다문화가정, 외국인 노동자, 장애인, 가출청소년, 가정폭력 피해자 등 지역의 여건에 맞는 지역친화적 사회복지 프로그램의 마련과 실천을 위하여 고민하여야 하는 것이다.

지역사찰의 사회복지 실천은 곧 지역주민과의 관계맺음이다. 이는 지역포교와 다르지 않다. 포교는 사람과의 관계 맺음이 없으면 불가능하며, 그 관계맺음은 즐거움뿐만 아니라 어려움도 함께 나누는 것이다. 그러한 과정을 통하여 사찰이 지역과 친화하는 것이며, 지역공동체의 구성원으로 자리 잡는 것이다. 그렇기 때문에 사찰은 자체의 성장에만 몰입할 것이 아니라 지역사회를 돌아보고 이바지할 바를 찾아야 한다. 나아가 지역사회가 없다면 사찰도 없다는 지역공동체 의식을 가지고 사찰의 성장을 지역사회에 회향하여야 한다.

7. 불교사회복지와 민간사회복지

불교사회복지의 정체성과 독자성 절실
직영시설의 확대 필요

현대사회는 국민의 삶의 질과 복리수준을 결정하는 사회보장과 같은 기본적인 책임은 정부가 맡으면서 복지서비스 전달은 다양한 민간사회복지 주체들이 참여하는 이른바 복지다원주의(welfare pluralism)를 보편적인 현상으로 표방하고 있다. 정부는 국민들의 복지욕구가 다양하게 증대하면서, 미흡한 공적 사회복지를 보완하기 위해 민간부문에 대해 많은 기대를 표시하고 있으며, 이러한 점에서 종교계의 역할은 더욱 중시되고 있다. 하지만 불교는 조선시대에는 숭유억불 정책으로 인해서, 구한말 개항 이후에는 기독교의 적극적인 구호사업의 전개와 불교계의 복지에 대한 인식부재로 인해 개신교로 민간사회복지의 주도권이 넘어갔다. 이에 물질주의와 인간소외가 팽배한 현대사회에서 인간존중과 연기사상을 실천할 불교사회복지의 자리매김에 대하여 고민할 필요가 있다.

흔히 불교종단과 사찰 나아가서는 불교신도가 하는 사회복지활동까지를 모두 포함하여 불교사회복지사업이라고 인식하고는 한다. 하지만 사회복지시설의 운영자가 불자라고 하여서 그 안에서 이루어지는 사회복지사업의 내용도 불교적이라고 단정할 수는 없다.

불교사회복지사업이기 위해서는 사업주체가 불교적 사회복지가치를 표방하여야 할뿐만 아니라 해당 사회복지사업의 동기나 목적·세부내용 등에 불교적 신념이 있어야 하고, 인적·물적 자원이 상당 부분 불교계로부터 조달되어야 한다. 이를 위해서는 불교계에서 불교사회복지사업의 정체성과 독자성을 확보하기 위하여 스님의 참여 확대 및 시설종사자의 불교적 소양을 제고시키고 불교계에서 운영하는 직영시설을 확대하기 위한 범종단적 차원의 노력이 있어야 한다.

불교계 사회복지시설이라고 하더라도 그 시설들에서 스님이 시설장 및 복지사로 종사하는 비율은 매우 낮은 편이다. 또한 불교계 사회복지시설에서 종사하는 불교신도의 비율도 타종교 사회복지시설 종사자의 동일종교 신도 비율에 비해 낮은 수치로 알려지고 있다. 이와 같이 불교계 사회복지시설 종사자의 스님과 불교신도 비율이 낮다는 것은 그만큼 사회복지사업에서 불교적 정체성과 독자성을 구사하는 것이 쉽지 않다는 것을 의미한다. 그러나 불교계 사회복지시설 종사자들의 불교적 소양이 높아야 불교적 정체성과 독자성을 실현할 수 있다. 그들에 의하여 불교사회복지 프로그램과 서비스의 개발과 보급이 가능하기 때문이다. 그러므로 불교계는 시설종사자의 불교적 소양과 교리적 지식을 제고하도록 사회복지법인과 시설들을 독려하여야 할 것이다.

불교사회복지의 정체성과 독자성을 확보하기 위해서는 스님의 참여 확대 및 시설종사자의 불교적 소양 제고와 더불어 불교계는 사회복지법인 및 사찰로 하여금 위탁 운영을 벗어나 직영 시설을 확대할 수 있도록 계도하여야 한다. 왜냐하면 국가 위탁 사회복지시설은 종교계가 운영권을 갖더라도 실천현장에서 종교성을 직접적으로 구사하거나 접목하는데 법적·현실적 제약이 많이 수반되기 때문이다. 향후 여러 종단은 사회복지에 참여하는 스님과 신도들이 위탁시설이 아닌 직영시설을 유치할 수 있도록 지원하여야 한다.

잠시 언급하였지만 불교사회복지 프로그램·서비스의 개발·보급은 불교사회복지의 정체성과 독자성에 확보에 절대적인 기여를 할 수 있다. 현재 불교사회복지시설 종사자들 중에는 불교적 전문성을 갖춘 사회복지사들이 적다. 불교적 전문성이 부족하기 때문에 불교적 정체성에 입각한 프로그램과 서비스의 개발과 보급을 이루지 못하고 있다. 불교계는 불교사상과 가치관 중에서 사회복지 서비스를 개선하고 발전시키는데 기여할 수 있는 내용들을 발굴하여 불교계의 단위 사회복지시설에서 활용할 수 있도록 해주어야한다.

그런데 불교계가 프로그램과 서비스를 개발하고 보급함에 있어서는 이용자 측면과 운영자 측면의 문제점을 고려할 수 있어야 한다. 이용자 측면에서는, 불교사회복지 프로그램을 개발하고 서비스를 제공하였을 때 이용자들이 어떤 생각과 행동을 취할지를 예상하여야 한다. 사회복지법인은 해당 시설이 '불교' 사회복지시설로 분류됨으로써 생겨날 수 있는 이용자들의 긍정적 혹은 부정적 인식을 사전에 어느 정도 파악하고 프로그램을 설계하여야 하며 나아가 그 인식이 어떤 결과를 야기하였는지를 평가하여 환류(feed back)하여야 하는 것이다.

운영자 측면에서는, 불교사회복지 프로그램의 개발초기부터 운영자의 기대를 적절하게 반영하여야 한다. 요컨대 불교의 정체성을 살릴 수 있는 프로그램을 개발할 때는 설계 시점부터 운영자들이 가지는 '불교적 기대'를 민감하게 파악하고 기술적으로 적절하게 수용하여야 한다. 이러한 측면들을 고려해볼 때, 불교적 상담이나 명상, 정신적 지지프로그램, 선체조 및 선무도와 같은 건강증진 프로그램 등 종교중립적이면서도 불교성이 배어날 수 있는 프로그램을 잘 개발하여 불교사회복지시설에서 서비스가 이루어질 수 있도록 고려하는 것이 필요할 것이다.

불교사회복지 프로그램과 서비스의 개발과 보급이 효율적으로 이루어지기 위해서는 시설 네트워크와 인력 네트워크가 구축되어야 한다. 네트워크가 구축되면 관련 시설과 인력들 사이에 필요한 정보를 교류하고 상호지원과 협력을 통해서 사회복지 서비스를 강화할 수 있기 때문이다.

여러 불교종단들은 불교사회복지 네트워크의 구축을 위한 중추적 역할을 담당하여야만 하는데, 특히 '종단 중앙 사회복지재단', 즉 각 불교종단의 중앙 차원에서 설립한 사회복지재단에 그 의무가 주어져있다고 하여도 과언이 아니다. 종단 중앙 사회복지재단의 사례로는 사회복지법인 대한불교조계종 사회복지재단, 사회복지법인 대한불교천태종복지재단, 사회복지법인 진각복지재단 등이 있다.

이 종단 중앙 사회복지재단들은 사회복지 사업분야별, 즉 아동·청소년·노인·여성·장애인·노숙인·의료·상담 등 유사한 서비스를 제공하는 시설별로 상호 정보교류와 공동연구 등을 할 수 있는 네트워크를 구축하여야 한다. 보다 구체적으로 이야기하면, 불교계에서도 지역복지관 연합회, 노인복지시설 연합회, 아동복지시설 연합회 등 서비스 시설별로 시설장과 직원들이 교류할 수 있는 단체가 만들어지고 활발하게 활동할 수 있도록 종단 중앙 사회복지재단들이 이끌어주어야 한다.

또한 종단 중앙 사회복지재단들은 시설에서 활동하는 사회복지시설 인력들을 불교사회복지사 단체, 불교사회복지시설장 협의회, 불교사회복지시설 중간관리자 협의회 등으로 조직하여 네트워크를 구축하여야 한다. 그리고 불교사회복지 인력 네트워크 구축을 통해서 각 분야별로 활동하는 불교사회복지 인명사전과 인재수첩의 발간도 고려해볼 필요가 있다.

그리고 시설 네트워크와 인력 네트워크의 원활한 작용을 지원하는 정보 네트워크를 구축하여야 한다. 이를 위하여 대한불교조계종 사회복지재단은 정보 네트워크를 위하여 홈페이지에서 '복지네트워크' 서비스를 시행하고 있으나, 그 내용이 일반적인 내용으로 쌍방향 의사소통이 이루어지지 못하고 있다. 향후에는 홈페이지 내용을 일방적 정보전달이 아니라 센터와 클라이언트들이 다양한 의사소통을 할 수 있도록 구성하여야 한다. 또한 이용자의 특성과 욕구에 부응할 수 있도록 하여야 한다. 그리고 불교계의 사회복지시설에 대한 모든 정보가 센터의 네트워크를 통하여 전달될 수 있도록 보완하고 정비하여야 한다.

불교사회복지의 정체성과 독자성이 확보되고 이를 구현할 수 있는 프로그램과 서비스와 네트워크가 갖추어져 있다고 하더라도 재원이 공급되지 않는다면 불교사회복지의 자리매김은 요원할 수밖에 없다. 그런데 불교사회복지조직은 타종교 사회복지조직보다 현대적 의미의 사회복지활동을 늦게 시작하였다고 볼 수 있다. 이것은 자원개발을 통한 재원을 마련하는 방법상의 노하우가 쌓여있지 않다는 말로도 이해될 수 있다.

현재 대부분의 불교사회복지시설들은 개별적으로 재원을 마련하는

데 매우 어려움을 겪고 있다. 물론 개별 사회복지시설들의 재원 마련은 근본적으로 각각의 시설에서 책임을 질 수밖에 없다. 하지만 사회복지재원 마련에 대한 종단적 후원이 뒤따른다면 불교사회복지의 자리매김은 앞당겨질 수 있을 것이다. 이를 위하여 우선 종단 차원의 후원 전담기구를 설치하여 기업 후원 및 고액 후원을 확보하는 방안을 고려할 수 있다.

하지만 이윤 추구가 목적인 기업에게 더구나 여러 단체로부터 각종 후원 요청을 받고 있는 기업의 입장에서 불교종단 내지 사찰의 사회복지 후원 요청에 선뜻 응하기는 어려운 면이 있다. 종단 차원에서 기업의 공익연계 마케팅(CRM, Cause-Related Marketing)을 수주하는 것은 이러한 어려움을 해결하는 좋은 사례가 될 수 있을 것이다. 공익연계 마케팅은 소비자들의 구매를 촉진하기 위해 공익목적에 기업 이윤의 일정액을 기부하는 활동이다. 기업은 제품 판매 이익의 일부를 공익 목적에 지원하고 이를 소비자에게 적극적으로 알려 기업의 이미지를 제고하면서 판매를 활성화시키는 선진 마케팅 전략이다. 미국에서 1983년 자유의 여신상을 보수하기 위한 기금 모금 캠페인을 펼치기 위해 아메리칸 익스프레스 카드(American Express Card)에서 처음 사용하였다. 카드 사용 거래마다 1센트씩, 신규발행 카드 1장에 1달러씩 자유의 여신상 보수에 기부하여 170만 달러를 시민단체와 연계하여 기부하는 방식을 취하였다. 이것으로 카드 사용의 28%, 카드 사용자 수가 17% 증가하였다. 국내에서도 유한 킴벌리, 두산, 삼성전자, CJ 제일제당, LG홈쇼핑 등 여러 기업에서 CRM을 운영하고 있다. 만일 불교사회복지 분야에 기업의 공익연계 마케팅을 수주하게 된다면 불교계는 사회복지재원을 마련하게 되고 기업은 이미지 제고와 더불어 판매량 제고가 이루어지기 때문에 모두에게 이익이 된다.

불교계가 CRM 등 사회복지 후원 전담기관을 종단 차원에서 설치하고자 한다면, 재원개발을 위한 조직개편과 연구 및 교육이 수반되어야 한다. 이를 위해서는 종단 중앙 차원에서 재원동원과 마케팅 관련 전문가의 영입이 우선되어야 한다. 그리고 전문가는 불교적 정체성에 기반을 둔 대표적인 모금 프로그램을 개발하고 대국민 인식개선에 나서야 할 것이다. 또한 산하 기관들의 자원개발 실태와 모금현황, 외부환경의 조사와 자원의 분석 등을 실증적으로 조사·분석하여 체계적인 모금 관련 정책을 마련할 수 있어야 한다. 그리고 각 산하 단체에 산재해 있는 모금 관련 노하우나 아이디어를 모으고 기록하여 모범적인 사례들을 발굴하고 육성하는 작업도 하여야 할 것이다.

그런데 불교사회복지분야에 재원을 용이하게 동원하기 위해서는 적극적인 홍보가 수반되어야 한다. 홍보는 후원자들에게 사회적 약자에 대한 존재와 이들의 사회적 요구를 다양하게 알림으로써 사회적 지원을 유도할 수 있기 때문이다. 특히 언론기사를 통한 홍보활동은 비용을 들이지 않고 프로그램이나 각종 행사 등을 널리 알릴 수 있으면서도, 잠재적 후원자들의 입장에서는 뉴스로 인식하기 때문에 믿음을 주기가 용이하다. 따라서 불교계 사회복지 종사자들은 방송·언론사들과 관계를 유지하여 사회복지사업에 대한 필요성을 인식하도록 만들어줄 필요가 있으며, 특히 불교계 방송사와 언론사를 적극 활용하여 자원 확보와 관련한 고정적인 프로그램을 확보하여야 한다.

글을 마치며

글을 마무리하는 지금, 짧은 칼럼에 많은 생각을 녹여내기 위하여 고민하고, 원고 마감 시간을 지키기 위하여 애태웠던 순간들이 생각난다. 서재에서 차분히 글을 쓸 때도 있었지만 때로는 지하철에서 때로는 산책길에서 문뜩문뜩 떠오르는 단상들을 메모하고 정리했다. 하지만 매순간 바빠서 힘들기 보다는 그 동안의 고민이 분명하게 정리되는 데서 오는 기쁨이 컸다. 돌이켜 생각해보면 논리적이고도 압축적으로 써야만 하는 칼럼의 효과인 듯하다.

칼럼을 연재하는 내내 '사찰경영'과 '부처님 법'이라는 말이 화두처럼 머릿속을 떠나지 않았다. 필자에게 있어 '사찰경영'과 '부처님 법'은 '이 뭣고'였다. 사찰경영과 부처님 법이 어우러지지 못하고 충돌하는 데서 오는 문제들을 해결해야 했다. 사찰의 재화는 정재(淨財)답게 모이고 정재답게 쓰이고 있는지, 사찰의 인사는 인재를 제대로 쓰고 있는지, 포교는 정말로 중생의 고통을 덜어주고자 이루어지고 있는 것인지, 스님이 수행과 경영을 조화롭게 하고 있는지, 불교종단은 공동체를 이루고 있는지 등이 그러했다.

이 칼럼들을 통해 한국사찰이 직면한 문제들을 부처님 법에 맞추어 고민하고 여법한 방안을 제시하고자 하였다. 여법한 방안을 모색함에 있어서는 율장의 적용보다는 공동체의 화합에 주력했다. 부처님 재세 시 율장 조문을 오늘날 우리불교에 맞게 적용할 수 없을 뿐만 아니라 율장의 정신은 화합에 있기 때문이다. 무엇보다 사찰경영으로 인한 상당수의 문제는 갈등과 분열 등 불화로 노정되고 있기에 화합을 대전제로 해결 방안을 찾고자 한 것이었다.